Hamburger Rechtsstudien

herausgegeben von Mitgliedern der Rechts- und Staatswissenschaftlichen Fakultät der Hamburgischen Universität

Heft 20.

Die „Hamburger Rechtsstudien“ erscheinen in zwangloser Folge und sind einzeln in jeder Buchhandlung käuflich

Bisher sind erschienen:

Heft 1: Der Begriff des Versicherungsfalles in der Seeversicherung. Von Dr. F. Alexander Bene. Groß-Oktav. 75 Seiten. 1928. RM 4.05

Heft 2: Die Bedeutung des Interesses für die Veräußerung der versicherten Sache. Von Dr. Hermann Heinrich Elkan. Groß-Oktav. 58 Seiten. 1928. RM 3.60

Heft 3: Aktiensonderdepot und Legitimationsübertragung. Von Dr. Günther Frohner. Groß-Oktav. 121 Seiten. 1929. RM 6.30

Heft 4: Die Gewinnversicherung. Von Dr. Helmut Winkler. Groß-Oktav. 31 Seiten. 1930. RM 1.80

Heft 5: Der Konnossement-Teilschein. Von Dr. Heinz Behlert. Groß-Oktav. 79 Seiten. 1930. RM 4.50

Heft 6: Die Order-Police. Von Dr. Alexander N. Tsirintanis. Groß-Oktav. 95 Seiten. 1930. RM 5.40

Heft 7: Reine Konnossemente gegen Revers. Von Dr. Robert Lion. Groß-Oktav. 78 Seiten. 1930. RM 4.50

Heft 8: Versicherung für Rechnung wen es angeht. Von Dr. Helmuth Embden. Groß-Oktav. 39 Seiten. 1930. RM 2.70

Heft 9: Die guten Sitten in der arbeitsrechtlichen Rechtsprechung nach dem Kriege. Von Dr. Fritz Oettinger. Groß-Oktav. 84 Seiten. 1931 RM 4.50

Heft 10: Wandlung und Minderung bei einer Mehrheit von Käufern oder Verkäufern. Von Dr. Hans Wogatzky. Groß-Oktav. 115 Seiten. 1931. RM 6.—

Heft 11: Das Versicherungs-Zertifikat. Von Dr. Rudolf Nothmann. Groß-Oktav. 96 Seiten. 1932. RM 5.—

Heft 12: Die Versicherung der Havariegrosse-Schäden. Von Dr. Hans Cramer. Groß-Oktav. 56 Seiten. 1932. RM 3.—

Heft 13: Die Staatshaftung für den Hamburger Hafenlotsen. Von Dr. Erwin Mumssen. Groß-Oktav. 110 Seiten. 1932. RM 5.—

Heft 14: Gleichberechtigung der Geschlechter im künftigen Elternrecht. Von Dr. Charlotte Cohn. Groß-Oktav. XI u. 56 Seiten. 1932. RM 3.50

Heft 15: Die Speditionsversicherung in den Allgemeinen Deutschen Spediteurbedingungen. Von Dr. Willi Schiering. Groß-Oktav. 74 Seiten. 1932. RM 4.—

Heft 16: Quellenkritische Studien zur Bessergebotsklausel (in diem addictio) im römischen Kaufrecht. Von Dr. jur. Harald Sieg. Groß-Oktav. 43 Seiten. 1933. RM 3.—

Heft 17: Kostfrachtgeschäft und laufende Versicherung. Von Dr. Detlev Himer. Groß-Oktav. 46 Seiten. 1933. RM 3.—

Heft 18: „Acatholicus“, eine Untersuchung über die Stellung der getauften und exkommunierten Christen im geltenden kanonischen Recht. Von Dr. Walter Bohm. Groß-Oktav. 59 Seiten. 1933. RM 3.—

Heft 19: Beiträge zur Lehre von den subjektiven Anrechtselementen im Strafrecht. Von Dr. Rudolf Sieverts. Groß-Oktav. ca. 240 Seiten. 1934. RM 10.—

Heft 20: Die vorvertragliche Anzeigepflicht des Versicherungsnehmers. Von Dr. Klaus Koops. Groß-Oktav. 52 Seiten. 1934. RM 3.—

Heft 21: Das Zustandekommen des Versicherungsvertrages, eine rechtsvergleichende Darstellung. Von Dr. Heinz Hagemann. RM 4.—

Die vorvertragliche Anzeigepflicht des Versicherungsnehmers.

Eine rechtsvergleichende Darstellung.

von

Dr. KLAUS KOOPS

Hamburg
Friederichsen, de Gruyter & Co. m. b. H.
1 9 3 4

Christiansdruck, Hamburg 36

INHALTSÜBERSICHT

Die Anzeigepflicht:

A. Zweck und Inhalt
B. Grundlage und Rechtsnatur 9
C. Dauer 13
D. Träger 13
E. Form 14
I. Länder, in denen die Anzeigen formlos gültig sind . . 15
a) Sowohl Anzeige als auch Vertragsabschluß sind formlos gültig .
b) Die Anzeige ist formlos, der Vertragsabschluß nur schriftlich gültig
II. Länder, in denen die Anzeigen nur schriftlich gültig sind 15
a) Die Anzeige ist nur schriftlich, der Vertragsabschluß auch formlos gültig
b) Sowohl Anzeige als auch Vertragsabschluß sind nur schriftlich gültig
F. Umfang
I. Anzeigepflichtige „Umstände" 16
a) Art der Umstände.
1. Umstände, die die Versicherungsgefahr bilden
2. Umstände, die Schlüsse ermöglichen auf:
aa) die Versicherungsgefahr (allgemein)
bb) die Gefahr, die von der Person des Versicherungsnehmers ausgehend auf die Versicherungsgefahr ausgeübt wird
3. Umstände, die die Vertragsgefahr bilden
b) Kenntnis der Umstände (des Versicherers).
1. Kenntnis
2. Kennenmüssen
II. „Gefahrerheblichkeit" der Umstände 18
III. Einfluß des Fragebogens 19
a) Die selbständige Anzeigepflicht bleibt bestehen
b) Die Anzeigepflicht wird zu einer Antwortpflicht
G. Verletzung
I. Länder, die keine verschiedenartige Behandlung der verschuldeten und unverschuldeten Anzeigepflichtverletzung kennen 22
a) Der Vertrag
b) Die Prämie
c) Sonderregelungen einzelner Länder
II. Länder, die eine verschiedenartige Behandlung von verschuldeter und unverschuldeter Anzeigepflichtverletzung kennen 28
a) Länder, in denen der Versicherungsnehmer entweder die gesamten Ansprüche aus dem Vertrage verliert oder in voller Höhe behält (alles oder nichts) 29
Groß-Britannien und Vereinigte Staaten
China und Japan
Deutschland
Österreich
b) Länder, in denen bei unrichtiger oder fehlender Anzeige die Prämie oder die Haftung des Versicherers der wirklichen Gefahrslage angepaßt werden 46
Frankreich (Binnenversicherungsrecht)
Schweden, Norwegen und Dänemark

LITERATURVERZEICHNIS.

Amsler, Gefahrsanzeigepflicht bei Abschluß eines Versicherungsvertrages und Gefahrerhöhung im Laufe der Versicherung. Leipzig 1915.

Ancey et Sicot, La Loi sur le Contract d'Assurance. Paris 1930.

Arnould, On the Law of Marine Insurance and Average. 11th Ed. by de Hart and Simey Bd. 1 u. 2, London 1924 (Arnould).

Baker-Welford and **Otter-Barry,** The Law relating to Fire Insurance. London 1932 (Welford Fire).

Baker-Welford, The Law relating to Accident Insurance. London 1932 (Welford Acc.).

Ballantine, Contracts in: Die Handelsgesetze des Erdballs. 3. Aufl. Bd. I Nordamerika Abt. 1, Berlin.

Becker, Versicherungsrecht und Versicherungswesen in Dänemark. In Assekuranz-Jahrbuch 1900 Abt. III (21. Jahrgang).

de Becker, Annotated Civil Code of Japan. Bd. 2 Yokohama 1909.

de Becker, Commentary on the Commercial Code of Japan. Bd. 1, 2 London-Yokohama 1913.

Bonnecase, Traité de Droit Commercial Maritime. Paris 1928.

Bruck, Das Privatversicherungsrecht, Mannheim-Berlin-Leipzig 1930 (Bruck).

Bruck, Reichsgesetz über den Versicherungsvertrag vom 30. 5. 1908. Berlin-Leipzig 1932 (Bruck, Komm.).

Bruck-Dörstling, Das Recht des Lebensversicherungsvertrages. Ein Kommentar zu den Allgemeinen Todesfall-Versicherungsbedingungen. Mannheim-Berlin-Leipzig 1924 (Bruck-Dörstling).

Bruck-Dörstling, Das Recht des Lebensverscherungsvertrages. Ein Kommentar zu den Allgemeinen Versicherungsbedingungen der Kapitalversicherung auf den Todesfall. (Lebensversicherung.) Berlin-Mannheim-Leipzig 1933, 2. Aufl. (Bruck-Dörstling II).

Bruck, Die versicherungsrechtliche Obliegenheit. In Zeitschrift für Versicherungswesen. 1926 S. 180 ff. (Bruck, Obliegenheit).

Bruck, Welt-Versicherungsrecht; in Assekuranz-Jahrbuch Bd. 50 S. 94 ff.

Bruck, Die Gefahrengemeinschaft. In Beiträge zum Wirtschaftsrecht. Mannheim 1931, S. 126 ff.

Bruck, Die österreichische Versicherungsordnung den Grundzügen nach verglichen mit dem deutschen Versicherungsvertragsgesetz. In Zeitschrift für das gesamte Handelsrecht. Bd. 79 S. 104.

Capitant, La loi du 13 juillet 1930 relative au contrat d'assurance in Revue générale des Assurances Terrestres. Paris 1930 S. 739 ff.

Chalmers and **Owen,** The Marine Insurance Act. 1906. London 1913.

Crawley, The Law of Life Insurance. London 1882.

Curti, Englands Privat- und Handelsrecht, Bd. 2. Berlin 1927.

Delalande et **Couturier,** Traité théorique et pratique du contrat d'assurance contre l'incendie. Paris 1886.

Davidson, John, Fire Insurance. Edinburgh and London 1923.

Digrin, Rechtsquellen des Privatversicherungsrechts in der Tschecho-Slowakei. In HansRZ. 1927 S. 887 ff.

Digest of Decisions of the United States Courts. Bd. 2 S. 4983 ff. St. Paul 1900.

Digest: The English and Empire Digest. Bd. 12 London 1923, Bd. 17 London 1924, Bd. 29 London 1926.

Dupont-Cadosch, Les pouvoirs de représentation de l'agent d'assurance en droit suisse. Etude de droit suisse avec aperçus sur les droits allemand et français. Lausanne 1932, Diss.

Eckstein, Das Gesetz über den Versicherungsvertrag vom 23. 12. 1917. Reichenberg 1932.

Eckstein, Zur Novellierung des Versicherungsvertragsgesetzes in der tschechoslowakischen Republik. In Z. 1927 S. 412 ff.

Eeckhout, van, Le Droit des Assurances Terrestres. Brüssel-Paris 1933.

Ehrenberg, Versicherungsrecht. Leipzig 1893.

Ehenzweig, Die Rechtsordnung der Vertragsversicherung. Wien 1929 (Ehrenzweig).

Ehrenzweig, Das Reichsgesetz über den Versicherungsvertrag und die österreichische Versicherungsordnung. Eine rechtsvergleichende Skizze. In Z. 1916 S. 553 ff.

Escarra, Receuil des Sommaires de la Jurisprudence de la Cour Suprême de la République de Chine en matière civile et commerciale (1912—1918). Shanghai 1924.
Freund, Das Zivilrecht Sowjet-Rußlands. Mannheim, Berlin, Leipzig 1924.
Freund, Das Seeschiffahrtsrecht der Sowjet-Union. Beiheft der Zeitschrift für das gesamte Handelsrecht. Bd. 95. Stuttgart 1930.
Gerhard - Hagen - v. Knebel - Doeberitz - Bröcker - Manes: Kommentar zum Deutschen Reichsgesetz über den Versicherungsvertrag. Berlin 1908.
v. Gierke, Anzeigepflicht in Manes, Versicherungslexikon. Berlin 1930.
Godard et Perraud-Charmantier, Code des Assurances, Commentaire pratique et complet de la loi du 13 juillet 1930, relative au contrat d'assurance. Paris 1930.
Goldschmidt-Schneider, Das Handels-, Wechsel-, Konkurs- und Seerecht Großbritanniens und Irlands. In: Die Handelsgesetze des Erdballs. 3. Aufl. Bd. XI Abt. I Berlin 1906.
Gow, Marine Insurance. London 1931.
Gütschow, Vergleichende Zusammenstellung der wichtigsten Seeversicherungsrechte. Hamburg 1908.
Guyonnet-Dupérat, L'Assurance Maritime sur Marchandises ou Facultés. Paris 1928.
Hackett, Contract and Policy of Life Insurance. Bd. 37 des Corpus Juris being a complete and systematic statement of the whole body of the law. Herausgeber Mack, Hale and Kiser S. 378 ff. New York 1925.
Hackett-Stronach, Statute of Frauds. Bd. 27 des Corpus Juris etc.. S. 113 ff. New York 1922.
Hagemann, Das Zustandekommen des Versicherungsvertrages. Eine rechtsvergleichende Darstellung. Hamburger Diss. 1933.
Hagen, Das französische Gesetz über den Versicherungsvertrag. In Z. 1931 S. 169.
Hall, General Law of Insurance. In: Die Handelsgesetze des Erdballs. 3. Aufl. Bd. 1 Abt. 2 Nordamerika, Berlin.
Halsbury, Earl of, The Laws of England. Bd. 7 u. 17. London 1909 u. 1911.
Hamann, Die Anzeigenpflicht des privaten Versicherungsrechts. Diss. Würzburg 1919.
Hammon, Insurance. In: Bd. 32 des C orpus Juris S. 950 ff. New York 1923.
Hannebrink, Code Civil Néerlandais, Brüssel-Paris 1921.
Hupka, Gegenentwurf eines Gesetzes über den Versicherungsvertrag. Leipzig-Wien 1908.
Jacobs, Le Droit Maritime Belge. Commentaire de la loi du 21 août 1879. Bd. II, Brüssel-Paris 1891.
Josef, Unrichtigkeit des Versicherungsantrags und arglistige Täuschung durch den Agenten. In: Zeitschrift für das gesamte Handelsrecht. Bd. 67 S. 166 ff.
Joyce, A Treatise on the Law of Insurance of every kind. Bd. I, Rochester 1917.
Kedenburg, Widerspruch und Anfechtung des Versicherungsvertrages in: JR. 1929 S. 2 ff.
Kessler, Entscheidungen der höheren österreichischen Gerichte in Versicherungssachen seit 1918. Wien 1932.
Kist, Beginselen van Handelsrecht volgens de Nederlandsche Wet. De overeenkomst van verzekering. Gravenhagen 1884.
Koch, Die Anzeigepflicht. Eine rechtsvergleichende Untersuchung. In ZVW. 1927 S. 201 ff.
Kuhn, Grundzüge des Englisch-Amerikanischen Privat- und Prozeßrechts. Zürich 1915.
Kutasi, Das neue ungarische Versicherungsgesetz. In Österr. Rev. 1927 S. 181 ff.
Kutasi, Die neue Agentenverordnung in Ungarn. In: Österr. Rev. 1929 S. 2 ff.
Lazowski, Die Versicherungen in Polen. Warschau 1930.
Lehmann, Die österreichische Versicherungsordnung. In: W. u. R. 1916 S. 390 ff.
Lesser, Die polnische Verordnung vom 24. 2. 1928 über einstweilige Vorschriften betr. den Versicherungsvertrag. In: JR. 1928 S. 359 ff.
Lewis, Lehrbuch des Versicherungsrechts. Stuttgart 1889.
Lawndes, A Practical Treatise on the Law of Marine Insurance. London 1885.
Lyon-Caen et Renault, Traité de Droit Commercial. Bd. 3, Paris 1923; Bd. 6, Paris 1912.
Menkes, Rechtsquellen des Privatversicherungsrechts in Polen. In: HansRZ. 1927 S. 893.
Mew, Digest of English Case Law. 2. Aufl. Bd. V London 1925. Bd. XI London 1925. Bd. XVIII London 1926.

Möller, Hans. Zu den Normen über die schuldhafte Herbeiführung des Versicherungsfalls. Gleichzeitig ein Beitrag zur Lehre von den subjekten Gefahrumständen. In: HansRGZ. 1928 Sp. 549 ff.

Molengraaff, Leidraad bij de beoefening van het Nederlandsche Handelsrechts. Haarlem 1917.

Moncharmont, L'Assurance pour compte en matière terrestre. Paris 1931. (Moncharmont, Ass. pour compte).

Moncharmont, La déclaration du risque dans les assurance terrestres d'après la loi du 13 juillet 1930. Paris 1932. (Moncharmont).

Moran, Accident-Insurance. New York 1901.

Nolst-Trenité, Brandverzekering. Haarlem 1921.

Nolst-Trenité, Zeeverzekering. Haarlem 1928.

Ostertag, Das Bundesgesetz über den Versicherungsvertrag. Zürich und Leipzig 1928. 2. Aufl. von Hiestand.

Palme, Die nordischen Entwürfe zu einem Gesetz über den Versicherungsvertrag. In Z. 1923 S. 161 ff.

Pauly, Die englische Kriegsgefahrversicherung in der Seeversicherung. Marburg 1919.

Pease-Landon, Students' Summary of the Law of Contract. London 1925.

Pollock, Principles of Contract. London 1921.

Ripert, Droit Maritime. Bd. III. Paris 1923.

Ritter, Das Recht der Seeversicherung. Hamburg 1922.

Roelli, Kommentar zum Schweizerischen Bundesgesetze über den Versicherungsvertrag. Bd. I, Bern 1914.

Rynert, Über die Anzeigepflicht des Versicherungsnehmers beim Abschluß eines Versicherungsvertrages nach Binnenversicherungsrecht. Luzern 1908.

Schirrmeister-Prochownick, Das Bügerliche Recht Englands. Kommentar zu der Kodifikation von Jenks, Geldart, Holdsworth, Lee and Miles. Berlin 1929.

Schlegelberger, Rechtsvergleichendes Handwörterbuch für das Zivil- und Handelsrecht des In- und Auslandes. 1. Bd. Länderberichte. Berlin 1929.

Schneider, Eine Vergleichung der neuen österreichischen Versicherungsordnung mit dem deutschen Versicherungsvertragsgesetz. In: ZVW. 1916 S. 89 ff.

Sieveking, The German Law on Private Insurance. A Translation of the Act relating to the Control of Private Ins. Business of 12th May, 1901; The Act relating to Contracts of Ins. of 30th May, 1908. The general Rules of Marine Ins. 1919. London 1927.

Sumien, Traité théorique et pratique des assurances terrestres et de réassurance. Paris 1926.

Tyler, Fire Insurance. In: Bd. 26 des Corpus Iuris etc. S. 1 ff. New York 1921.

Tyler, Marine Insurance. In: Bd. 38 des Corpus Iuris etc. S. 993 ff. New York 1925.

Vance, Marine Insurance. In: Die Handelsgesetze des Erdballs. 3. Aufl. Bd. I Abt. 1, Nordamerika. Berlin.

Wahl, Précis Théorique et Pratique de Droit Maritime. Paris 1924.

Weens, L'Assurance de Choses. Paris 1927.

Weyermann, Die versicherungsrechtliche Obliegenheit nach dem Bundesgesetz über den Versicherungsvertrag vom 2. April 1908. Bern 1929.

Zingg, Die Befreiung des Versicherers von der Leistungspflicht nach dem Schweizerischen Bundesgesetz über den Versicherungsvertrag. Bern 1926.

ABKÜRZUNGEN.

ABGB. = Allgemeines Bügerliches Gesetzbuch von Österreich.
ADS. = Allgemeine deutsche Seeversicherungsbedingungen.
A.C. = Appeal Court, Chancery, Appeal Cases.
Annalen = Annalen des gesamten Versicherungswesens, Leipzig.
A.N.S.B. = Allgemeine norwegische Seeversicherungsbedingungen.
ArchfBürgR. = Archiv für bürgerliches Recht.
BGB. = Bürgerliches Gesetzbuch.
Burr. = Burrow's Reports, K.B.
Br.P.C. = Brown's Parliament Cases.
B. & S. = Best and Smith' Reports, Q.B.
Begr. = Begründung zum deutschen VVG. (Reichtagsdrucksache Nr. 364, 12 Leg.P.I Sess. 1907.)
C. = Codex Iuris Civilis.
C.A. = Court of Appeal.

C.B. = Common Bench Reports, or Manning, Granger, and Scott's Reports.
Ch. = Chancery.
C.P. = Common Pleas.
D. = Dalloz, Recueil périodique et critique de jurisprudence, de législation et de doctrine. Paris.
Dougl. = Douglas' Reports, K.B.
East = East's Reports, K.B.
E. & B. = Ellis & Blackburn's Reports, Q.B.
Hayes = Hayes' Reports, Exchequer, Ireland.
HansRGZ. = Hanseatische Rechts- und Gerichtszeitschrift. Hamburg, Mannheim, Berlin. A = Abt. A; B = Abt. B.
HansRZ. = Hanseatische Rechtszeitschrift. Mannheim, Hamburg, Berlin, Leipzig.
HGB. = Handelsgesetzbuch.
How. = Howard's United States Supreme Court.
Hun. = Hun, New York Supreme Court.
Journ. ass. = Journal des assurances.
J.R. = Juristische Rundschau für die Privatversicherung. Berlin.
Jur.cour. Liège = Jurisprudence de la cour d'appel de Liège.
J.W. = Juristische Wochenschrift Berlin.
K.B. = King's Bench.
K.G. = Kammergericht.
L.G. = Landgericht.
L.J. = Law Journal, Reports in all the Courts.
L.R. = Law Reports. Bei Zitaten aus den Law Reports bis 1875 ist die Nummer des Bandes hinter die Buchstaben L.R. gestellt. (L.R. 3). Von 1876 bis 1890 sind Law Reports einfach folgendermaßen zitiert: 2 Q.B.D. Seit 1890 wird das Jahr der Entscheidung vor die Abteilung in Klammern gesetzt. (1894) 2 Ch.
L.T. = The Law Times, Reports in all the Courts.
L.Z. = Leipziger Zeitschrift für Deutsches Recht. München, Berlin, Leipzig.
Mac. & G. = Macnaghten and Gordon's Reports, Chancery.
Marshall = Marshall's Reports, C.P.
Moore C.P. = Moore's Common Pleas Reports.
OLG. = Oberlandesgericht.
P. = Probate.
Park, Ins. = Parker's Insurance Reports.
Praxis = Praxis des Privatversicherungsrechts. Berlin.
R.p. = Recueil périodique des Assurances = Sirey, Recueil général des lois et arrêts, Paris.
Rév. gen. ass. et resp. = Revue générale des Assurances et des Responsabilités.
RG. = Reichsgericht. Entscheidungen in Zivilsachen.
Q.B. = Queen's Bench, oder Adolphus and Ellis, Queen's Bench Reports New Series.
Q.B.D. = Queen's Bench Division, Law Reports.
S.C. = Same Case.
Seuffert = Seufferts Archiv für Entscheidungen der Obersten Gerichte in den deutschen Staaten.
Taunt = Taunton's Report, C.P.
T.L.R. = Times Law Reports.
V.C. = Vice Chancellor.
V.A. = Veröffentlichungen des Reichsaufsichtsamts für Privatversicherung, angeführt nach dem Druckjahr.
Veröffentlichungen = Veröffentlichungen des Deutschen Vereins für Versicherungswissenschaft, Berlin.
W.L.R. = Western Law Reports.
W. u. R. = Wirtschaft und Recht der Versicherung, Beiheft zu Mitteilungen für die öffentlichen Feuerversicherungsanstalten; ab 1925 zu „Versicherung und Geldwirtschaft"; ab 1929 zu „Die öffentlich-rechtliche Versicherung".
Z. = Zeitschrift für die gesamte Versicherungswissenschaft.
ZHR. = Zeitschrift für das gesamte Handels- und Konkursrecht, Stuttgart.
ZVR. = Zeitschrift für Versicherungsrecht und Wissenschaft, Straßburg.
ZVW. = Zeitschrift für Versicherungswesen, Berlin.

(Die Abkürzungen für die Werke der Autoren sind im Literaturverzeichnis in Klammern vermerkt).

A. Zweck und Inhalt der vorvertraglichen Anzeigepflicht.

Der Versicherungslustige hat vor Abschluß eines Versicherungsvertrages dem Versicherer Anzeigen über Umstände zu machen, die diesem die Beurteilung der zu übernehmenden Gefahr ermöglichen. Nach allgemeinen Vertragsgrundsätzen hätte sich zwar der Versicherer ohne Mitwirkung der anderen Vertragspartei die nötigen Kenntnisse über derartige Umstände selber zu verschaffen. Die besondere Natur des Versicherungsvertrages und der Versicherungstechnik erfordert jedoch eine Mitwirkung des Versicherungsnehmers. Der Versicherer ist bemüht, die von ihm in Massen abgeschlossenen Verträge in Gefahrenklassen einzuteilen, um danach die Prämiensätze berechnen zu können. Daher bestimmen die Gesetze der verschiedenen Länder[1]), daß der Versicherungsnehmer den Versicherer durch sachdienliche Anzeigen zu informieren hat.

B. Grundlage und Rechtsnatur.

Der Versicherungsnehmer hat die Prämienzahlung zur bewirken und außerdem gewisse Pflichten zu erfüllen. Diese, von der Prämienzahlungspflicht scharf zu trennenden Pflichten, die dem Versicherungsnehmer kraft Gesetzes oder durch vertragliche Vereinbarungen auferlegt sind, werden im deutschen, schweizerischen und österreichischen Recht „Obliegenheiten" genannt. Hierzu gehört auch die vorvertragliche Anzeigepflicht. Als allgemeiner versicherungsrechtlicher Begriff wurde die Obliegenheit zum ersten Male[2]) im Schweizerischen VVG. behandelt[3]), um dann vom Deutschen[4]) und dem Österreichischen VVG.[5]) sowie den ADS.[6]) übernommen zu werden.

Dem Inhalte nach sind die Obliegenheiten in Anzeigepflichten (Auskunftspflichten) und sonstige Verhaltungspichten, die ein positives Tun[7]), Unterlassen[8]) oder ein Tun und Unterlassen[9]) verlangen, einzuteilen.[10])

Über die juristische Natur der Obliegenheit herrscht lebhafter Streit, und zwar sind nicht nur die Meinungen je nach den Ländern verschieden, sondern auch innerhalb eine Landes herrscht im allgemeinen keine Einstimmigkeit.

---

[1]) In den U.S.A. und Groß-Britannien ergibt sich die vorvertragliche Anzeigepflicht aus der Rechtsprechung. Das M.I.A. ist eine Zusammenfassung der durch Rechtsprechung entwickelten Grundsätze.

[2]) Der Ausdruck „Obliegenheit" ist allerdings schon früher im Allgemeinen Plan Hamburgischer Seeversicherungen vom Jahre 1847 (§ 114) und den Allgemeinen Seeversicherungsbedingungen von 1867 (§ 136 Abs. 2) gebraucht (Obliegenheit des Versicherten, das Provenue verkaufter Güter in bestimmten Fällen anzuzeigen). Sie kann jedoch nicht als allgemeiner Begriff des Versicherungsrechts angesehen werden.

[3]) Art. 29, 45 SchweizVVG.

[4]) §§ 6, 32 DeutschVVG.

[5]) § 32 ÖsterrVVG.

[6]) § 44 ADS.

[7]) z. B. die Verpflichtung zum Einbau eines Sicherheitsschlosses.

[8]) z. B. das Veränderungsverbot an Gebäuden nach Eintritt des Schadensfalles. Vgl. §§ 93, 111 DeutschVVG.

[9]) z. B. die Abwendungs- und Minderungspflicht. Vgl. § 62 DeutschVVG.

[10]) Bruck, Komm. S. 44; Ehrenzweig, S. 114.

In Deutschland stehen sich zwei Theorien über die juristische Natur der Obliegenheit gegenüber: die Verbindlichkeitstheorie und die Voraussetzungstheorie.[11]

Nach der Verbindlichkeitstheorie[12] ist die Obliegenheit eine Verpflichtung im Sinne des Allgemeinen Bürgerlichen Rechts, wenn auch „von besonderer Art und besonderer Kraft".[13]

Begründet wird diese Auffassung folgendermaßen:

Die Ausdrücke des VVG. seien ein Hinweis auf die Verbindlichkeitsnatur der Obliegenheit. Das VVG. spricht von der Anzeige„pflicht"[14], der Versicherer ist „verpflichtet"[14a], für Schadensabwendung und -minderung zu sorgen, ferner „hat" er Verschiedenes zu tun[15] oder er „darf" es nicht tun[16].

Weiter wird auf die Begründung des Gesetzes verwiesen, in der gesagt wird, daß die Prämienzahlung zu den „wichtigsten Obliegenheiten" gehöre und daß „aus jeder Art von Verschulden bei der Verletzung der dem Versicherer obliegenden Pflichten dem Versicherer kraft Gesetzes ein Schadensersatzanspruch, den er nötigenfalls im Wege der Aufrechnung geltend zu machen vermag", erwächst[17].

Außerdem ergebe sich die Verbindlichkeitsnatur der Obliegenheit aus der Fassung des § 6 DeutschVVG., nach der die Obliegenheit „dem Versicherer gegenüber zu erfüllen ist", der Versicherer somit das Recht habe, die Erfüllung dieser Verbindlichkeit zu fordern.[18] Endlich wird geltend gemacht, daß die Treuepflicht, die sogen. Assekuranztreue eine Verpflichtung des Versicherungsnehmers sei und mithin auch die Obliegenheiten Verpflichtungen sein müßten.[19]

Die Gegner der Verbindlichkeitstheorie, insbesondere Bruck[20], weisen darauf hin, daß der Wortlaut des Gesetzes nicht maßgebend sein kann, denn auch in anderen Gesetzen wird das Wort „Verpflichtung" gebraucht, ohne daß damit eine Verbindlichkeit entsteht.[21] Ebensowenig können Begründungen zu Gesetzen, die selber keine Gesetzeskraft haben, herangezogen werden, wenn „ihre Ausführungen jede tiefere Erfassung des Problems vermissen lassen, die allein einen Schluß auf den von dem Gesetz eingenommenen Standpunkt rechtfertigen"[22]. Auf keinen Fall kann die sogenannte Assekuranztreue als Verpflichtung eigenen Inhalts angesehen werden, denn es gibt nur einen Begriff von Treu und Glauben, der sich durch das gesamte Recht zieht.[23]

Ferner müßte, wenn die Obliegenheit eine Verbindlichkeit sein sollte, sie auch die Eigenschaften einer Verbindlichkeit aufweisen. Eine Verbindlichkeit liegt jedoch nur vor, wenn sie eine rechtliche Verpflich-

---

[11]) Die Gegenüberstellung der beiden Theorien lehnt sich im Wesentlichen an Bruck's Aufsatz „Die versicherungsrechtliche Obliegenheit" Z. 1926 S. 185 ff. an.

[12]) Vertreten von Kübel, ZVR. S. 1, 7; Lewis, Versicherungsrecht (1889) S. 199; Ritter, S. 37; ders. LZ. 1914 S. 354; Wolff, ZVR. 2 S. 337, 334.

[13]) Ritter, S. 37.

[14]) § 16 DeutschVVG.

[14a]) § 62 DeutschVVG.

[15]) §§ 23 Abs. 2, 27 Abs. 2 DeutschVVG. (Anzeigepflicht bei Gefahrerhöhungen); § 33 Abs. 1 DeutschVVG. (Schadensanzeigepflicht).

[16]) § 23 Abs. 1 DeutschVVG. (Verbot der Gefahrerhöhung).

[17]) Begr. S. 23, 46, 71.

[18]) Gottschalk, Z. 1917 S. 191, 201.

[19]) Ritter, S. 291.

[20]) Bruck, Die versicherungsrechtliche Oliegenheit, Z. 1926 S. 187.

[21]) Art. 19 WO. „Verpflichtung" des Inhabers zur Präsentation des Wechsels § 377 HGB. Der Käufer „hat" einen Mangel anzuzeigen.

[22]) Bruck, a. a. O. S. 186. (Obliegenheit).

[23]) § 13 ADS. besagt zwar, daß „alle Beteiligten Treu und Glauben im höchsten Maße zu betätigen" hätten. Die Konsequenz wäre jedoch, daß man bei anderen als Versicherungsverträgen weniger ehrlich zu sein brauchte. Vgl. auch Ripert, S. 378.

tung zu einer Leistung enthält.[24]) Wesensmerkmale der Verbindlichkeit sind somit, daß ihre Nicht- oder nicht gehörige Erfüllung die Möglichkeit der Klage, der Zwangsvollstreckung oder der Geltendmachung eines Schadensersatzanspruches gibt.[25]) Nach deutschem Recht hat jedoch der Versicherer keines dieser Rechte, weshalb auch ununtersucht bleiben kann, ob diese Möglichkeiten alle zusammen gegeben sein müssen. Wenn jedoch die Merkmale, die für die Natur der Verbindlichkeit wesentlich sind, bei der Obliegenheit fehlen, kann nicht von ihr als von einer Verbindlichkeit gesprochen werden.

Der Verbindlichkeitstheorie steht die Voraussetzungstheorie gegenüber, die als die herrschende anzusehen ist.[26])

Nach ihr sind die „Obliegenheiten zum Vertragsinhalt erhobene Voraussetzungen für die Bewirkung oder den Umfang der Leistung oder das sonstige Tun des Versicherers".[27]) Durch diese Auffassung wird man einem der wichtigsten Grundbegriffe des Versicherungswesens, dem Begriff der Gefahrengemeinschaft[28]), gerecht. Die gesamten vom Versicherungsnehmer zu erfüllenden Obliegenheiten haben den einen Zweck, sie sollen „eine bestimmte Gefahrslage erfassen, festhalten, verbessern und die Konkretisierung der Gefahr nach Möglichkeit verhindern und vermindern"[29]). Der Versicherungsnehmer hat ein gewisses Verhalten zu beobachten, andernfalls braucht der Versicherer seinen Verpflichtungen nicht nachzukommen. Die Pflicht zur Entschädigungsleistung besteht unter der Voraussetzung, daß der Versicherungsnehmer die Obliegenheiten erfüllt hat. Alle Obliegenheiten sind Voraussetzungen in diesem Sinne[30]), also auch die vorvertragliche Anzeigepflicht. Die einzelnen Obliegenheiten dürfen nicht gesondert bewertet werden.[31])

Danach hätte der Versicherer niemals zu leisten, wenn die Voraussetzungen seiner Leistungspflicht nicht erfüllt sind und zwar ohne Rücksicht darauf, ob die Nichterfüllung verschuldet war oder nicht. Das deutsche Recht geht im Gegensatz zu einer großen Anzahl anderer Rechte nicht so weit, sondern bestimmt in der Generalklausel des § 6 VVG., daß der Anspruch des Versicherungsnehmers nur bei verschuldeter Verletzung der Obliegenheit verwirkt werden kann. Dieser Grundsatz wird für die vorvertragliche Anzeigepflicht noch weiter ausgebaut, wie später gezeigt werden wird.

Auch für Österreich wird mit Recht von Bruck[32]) und Schlesinger[33]) angenommen, daß die Erfüllung der Obliegenheit Voraussetzung zur Geltendmachung des Anspruchs ist. Zum mindesten sei die Obliegenheit keine Rechtspflicht[34]).

---

[24]) Bruck, Obliegenheit, S. 187; Planck-Siber, BGB. II S. 325; v. Tuhr, Allgem. Teil BGB. S. 93 ff., Schweiz. Obliegationenrecht, S. 9.

[25]) Bruck, Obliegenheit, S. 187.

[26]) Zuerst angedeutet von Behrend, ZHR. 25, S. 66; Ehrenberg, Rückversicherung S. 67; Versicherungsrecht (1895) S. 432. Weiter ausgebaut von Schneider, Z. 1905 S. 230, 249; 1909 S. 796, LZ. 1907 S. 259, 266; 1909 S. 902; 1910 S. 97, 198, 202; Jher. Jb. Bd. 43 S. 1; ArchfBR. Bd. 40 S. 172, 380; ferner Amthor, Die versicherungspflichtige Obliegenheit (Hamb. Diss. 1923 ungedruckt), S. 121; Bruck, Komm. S. 44 mit Rechtsprechung; Bruck-Dörstling S. 168; vor allem Bruck, Die versicherungsrechtliche Obliegenheit, Z. 1926, S. 185 ff.; Kisch, II S. 179; Hagen I, S. 400, 523, 526; Lederle, Lebensversicherung, Heidelberg 1913, S. 50.

[27]) Bruck, Komm. S. 44.

[28]) vgl. hierüber Bruck, S. 282/283.

[29]) Bruck, Obliegenheit, Z. 1926 S. 191.

[30]) Bruck, Obliegenheit, S. 190.

[31]) Oertmann, Deutsche Versicherungszeitung 1925 S. 116: Die Schadensanzeige wird als Voraussetzung angesehen, die vorvertragliche Anzeigepflicht nicht. Ehrenberg, S. 401, 526, 563 für die Voraussetzungstheorie. A.A. in Z. 25 S. 369, 376.

[32]) Bruck, Obliegenheit, S. 190.

[33]) Schlesinger in Klang's Komm. zum ABGB. 1928. Anm. zu § 859 S. 26.

[34]) Schlesinger, a. a. O.

Dagegen meint Ehrenzweig[35]), daß der Streit über die Rechtsnatur der Obliegenheit für das Österreichische Recht „völlig müßig“ sei, denn die Ausdrücke „Pflicht“ und „Obliegenheit“ hätten in Österreich dieselbe Bedeutung[36]).

Das Schweizer Gesetz zwingt kraft positiver Rechtssatzung zu einer anderen Betrachtung der juristischen Natur der Obliegenheit. Hier werden die Obliegenheiten, die kraft Gesetzes und diejenigen, die auf Grund vertraglicher Vereinbarung dem Versicherungsnehmer auferlegt sind, verschieden behandelt. Im Falle der Nichterfüllung einer gesetzlichen Obliegenheit wird der Versicherungsnehmer nicht nur leistungsfrei. Ihm wird vielmehr außerdem ein Schadensersatzanspruch zugebilligt[37]). Der Art. 27 SchweizVVG. ist nicht Grundlage eines Schadensersatzanspruches, sondern verweist den Versicherer auch für den Fall der Verletzung einer Obliegenheit auf die allgemeinen Vorschriften des Obligationenrechts[38]) über Verletzung einer gesetzlichen oder vertraglichen Verpflichtung[39]). Mithin müssen die dem Versicherungsnehmer kraft Gesetzes auferlegten Obliegenheiten als Verbindlichkeiten angesehen werden[40]).

Dagegen sind die vertraglich geregelten Obliegenheiten als Voraussetzungen anzusehen[41]), da bei deren Verletzung lediglich Verwirkungsfolgen eintreten und keine Schadensersatzpflicht entstehen kann.

Es ergibt sich somit für die Schweiz das eigentümliche Bild, daß die gesetzlich dem Versicherungsnehmer auferlegten Obliegenheiten Verbindlichkeiten und die vertraglich vereinbarten Voraussetzungen sind.

Eine begriffliche und sprachliche Zusammenfassung der dem Versicherungsnehmer neben der Prämienzahlungspflicht obliegenden Pflichten ist in der französischen Literatur unbekannt. Ferner wird auch nicht die juristische Natur der Anzeigepflicht untersucht, sondern es wird lediglich erörtert, worauf diese Pflicht zur Anzeige gegründet und welches der den Folgen der Verletzung zugrundeliegende Rechtsgedanke ist.

Auch in Frankreich[42]) wird abgelehnt, daß die Anzeigepflicht des Versicherungsnehmers lediglich darauf gegründet sei, daß der Versicherungsvertrag ein „contract de bonne foi“ sei und der Versicherungsnehmer somit eine b e s o n d e r e Treuepflicht einfach aus dem Grunde habe, weil es sich um einen Versicherungsvertrag handele, denn nach dem französischen Recht seien alle Verträge auf Treu und Glauben aufgebaut[43]).

Die Anzeigepflicht wird als eine Pflicht besonderer Art angesehen, die dem Versicherungsnehmer kraft Gesetzes auferlegt ist[44]). Begeht der Versicherungsnehmer eine Falsch- oder Nichtanzeige: „il contrevient àl'obligation qui lui incombe et engage sa responsabilité envers l'assureur“[45]). Der Vertrag müßte eigentlich aufrecht erhalten bleiben und der Versicherungsnehmer einen Schadensersatz leisten. Die beste Art, den Versicherer zu entschädigen, sei aber gerade die Nichtigkeit des Vertrages, denn der Schade bestehe für den Versicherer darin, daß

---

[35]) Ehrenzweig, S. 114.

[36]) Vgl. § 56 Abs. 2 ÖsterrVVG. „Obliegenheit und dazu die Überschrift Rettungspflicht“.

[37]) Art. 27 SchweizVVG.

[38]) Art. 97 Schweizer Obligationenrecht.

[39]) Vgl. Roelli, S. 326.

[40]) Vgl. Roelli, S. 58, 59, 461; Ostertag, S. 158; Jaeger II 5319, 499 (Unterlassungsklage b. Veränderungsverbot).

[41]) Roelli, S. 530; Ostertag, S. 158; Jaeger II 5319.

[42]) Ripert, S. 386 Nr. 2417.

[43]) Ripert, S. 378 Nr. 2411.

[44]) Ripert, S. 388 Nr. 2418.

[45]) Ripert, S. 287 Nr. 2417.

er den Vertrag abgeschlossen habe[46]). Dieser Gedanke des Schadensersatzes kommt auch im Art. 21 Abs. 2 FrankVVG. zum Ausdruck, nach dem der Versicherer bei Nichtigkeit des Vertrages die gezahlte Prämie „à titre de dommages et intérêts" behalten kann.

Über die Nichtigkeit hinaus kann der Versicherer immer noch einen Schadensersitzanspruch geltend machen, sofern der Versicherungsnehmer betrügerisch gehandelt hat[47]).

Die vorvertragliche Anzeigepflicht wird somit nicht als Voraussetzung für die Leistungspflicht des Versicherers angesehen, sondern als eine Verbindlichkeit des Versicherungsnehmers gegenüber dem Versicherer. „C'est une obligation juridique dont l'inexécution est sanctionnée par la nullité du contrat"[48]).

In den übrigen Ländern sind, soweit ersichtlich, keine Untersuchungen über die juristische Natur der vorvertraglichen Anzeigepflicht vorgenommen worden. In England wird die Richtigkeit und Vollständigkeit der vorvertraglichen Anzeigen im Allgemeinen als einer Art Bedingung angesehen.

C. Dauer.

Die vorvertragliche Anzeigepflicht entsteht mit dem Beginn der Vertragsverhandlungen und endigt erst mit dem formellen Abschluß des Vertrages[49]), in England mit dem materiellen Versicherungsbeginn[50]). Der Versicherungsnehmer muß mithin auch Umstände anzeigen, die erst eingetreten sind, nachdem er schon sämtliche Gefarhumstände — meist an Hand eines Fragebogens, verbunden mit einem Antrag auf Abschluß eines Versicherungsvertrages — angezeigt hat.

D. Träger.

Nach den Rechtsordnungen sämtlicher Länder ist immer anzeigepflichtig der Versicherungsnehmer[51]).

Da sich in der Mehrzahl der Länder die vorvertragliche Anzeigepflicht auf den Versicherungsnehmer beschränkt und nicht noch auf andere Personen erstreckt, wird im Rahmen dieser Arbeit nur vom Ver-

---

[46]) Nach Ripert S. 394 ist die Nichtigkeit als Folge der Anzeigepflichtverletzung nicht als eine Anwendung der Vorschriften über „dol ou erreur" anzusehen. A.A. Lyon-Caen-Renault, IV Nr. 1443, 1444. Der Art. 116 Code Civil (arglistige Täuschung) ist daneben noch anwendbar.

[47]) „L'assureur peut obtenir des dommages-interêts en réclamant l'application de l'article 1382 Code Civil, mais il faut qu'il établisse la fraude et le préjudice qui lui à été causé". Ripert S. 399 Nr. 2427.

[48]) Moncharmont S. 147

[49]) Vgl. Bruck, Komm. S. 78/79; RG. 30. 6. 16 VA. 1917 S. 8 Nr. 973; KG. v. 7. 7. 28 JR. 28 S. 311; Nolst-Trenité, Brandverzekering S. 158; Art. 15 FrankrVVG. „déclarer lors de la conclusion du contrat".

[50]) Welford Fire S. 128: „attaches at the commencement of the negotiations and continues right down to the completion of a binding contract (Re Yager & Guardian Ass. Co. 1912, 108 L.T. per Channell, at p. 44; Canning v. Farquhar 1886, 16 Q.B.D. 727, C.A. (Leben) per Lindley, at p. 733)". Aber: „where the policy provides, that no insurance is to be in force till the premium is paid, the duty of disclosure continues till payment". Harrington v. Pearl Life Ass.Co. (1913), 30 T.L.R. 24 (Leben); British Equitable Ins.Co. v. Great Western Railway Co. (1869), 38 L.J. 314 (Leben).

[51]) Art. 15 BelgienVVG.: „le preneur d'assurance". „Prinzipiell ausschließlich der Antragsteller" (A. 4 Abs. 1 SchweizVVG.) Roelli S. 66. Zwar wird häufig der Ausdruck „Versicherter" gebraucht z. B. Art. 1443 BrasialienBGB. Art 54 RumänienVVG.; Art. 8 LuxemburgVVG.; Art. 251 Holl.HGB.; Art. 281 SpanienHGB.; Art. 429 PortugalHGB.; Art. 15 FrankreichVVG. (l'assuré) u. a. In diesen Ländern wird jedoch ganz allgemein nur vom Versicherten gesprochen. Aus den übrigen Bestimmungen dieser Gesetze ergibt sich, daß hierunter der Versicherungsnehmer zu verstehen ist.

sicherungsnehmer als dem Anzeigepflichtigen gehandelt werden. Es sollen daher diejenigen Länder, die auch noch weitere dritte Personen hinsichtlich der Anzeigepflicht dem Versicherungsnehmer gleichstellen, nur kurz behandelt werden.

In Frankreich wird für die Versicherung für fremde Rechnung ausdrücklich hervorgehoben, daß lediglich der Versicherungsnehmer verpflichtet ist, Anzeigen zu erstatten[52].

In der englischen Literatur wird, außer der Anzeigepflicht des Vertreters (der als agent oder broker auftritt[53]), dessen Stellung hier nicht zu behandeln ist, keine anzeigepflichtige Person neben dem Versicherungsnehmer genannt.

Die Regelung des deutschen, schweizerischen und österreichischen Rechtes hinsichtlich des Trägers der Anzeigepflicht sind im Wesentlichen übereinstimmend.

Immer hat der Versicherungsnehmer[54] die Anzeigepflicht zu erfüllen, gleichgültig, ob er die Versicherung für eigene oder fremde Rechnung abschließt[55].

Bei der Versicherung für fremde Rechnung wird die Kenntnis[56] und das Verhalten des Versicherten der Kenntnis und dem Verhalten des Versicherungsnehmers gleichgestellt[57]. Das gilt jedoch nicht, wenn der Vertrag vom Versicherungsnehmer ohne Wissen des Versicherten abgeschlossen war und eine Benachrichtigung nicht tunlich war.

Bei einer Versicherung auf das Leben eines Anderen kann und wird in der Regel vereinbart, daß die Kenntnis und das Verhalten des Anderen der des Versicherungsnehmers gleichzuachten ist[58]. Dadurch wird dem anderen tatsächlich auch die Anzeigepflicht auferlegt[59]. Dasselbe hat auch für die Versicherung auf Unfälle eines anderen zu gelten[60].

Weitere dritte Personen sind nicht anzeigepflichtig[61].

E. Form.

Die Formvorschriften über die vorvertragliche Anzeigepflicht entsprechen im allgemeinen denjenigen Vorschriften, die für den Abschluß des Vertrages aufgestellt worden sind[62]. In einigen Ländern wird jedoch

---

[52]) Moncharmont Ass. pour compte S. 151: „En droit, l'intéressé n'étant pas partie au contrat, ses réticences ne peuvent être prises en considération. Le principe que le souscripteur de l'assurance pour compte est seul tenu des obligations, qui incombent ordinairement à l'assuré, s'applique ici dans toute sa rigueur". Vgl. Ripert Bd. III Nr. 2399 u. 2422. Geholfen wird für Fälle der Täuschung durch den Versicherten mit Art. 1110 code civil. Bordeaux vom 16. 1. 11 R.p. 1911 S. 281 „il y a eu erreur sur la substance de la chose qui faisait l'objet du contrat dans les termes des art. 1110 C.Civ. et 348 C.Com., et que cette erreur est une cause de nullité de la convention". Nach Moncharmont S. 152 ist Art 348 C.Com. nicht anwendbar. Gegen Anwendung der Irrtumsvorschriften mit Recht Ripert S. 384/8, nur die Vorschriften über arglistige Täuschung sind anwendbar. Art. 1116 C.Civ.

[53]) Häufig werden Verträge für fremde Rechnung (für Rechnung wen es angeht) von Maklern geschlossen, wobei nur ihr Name auf der Police angegeben wird. Vgl. Pauly S. 12.

[54]) „Träger der Anzeigepflicht ist der Versicherungsnehmer". Roelli, S. 65.

[55]) Bei mehreren Versicherungsnehmern ein jeder von ihnen. Buck, S. 181.

[56]) „Und die Arglist" § 79 DeutschVVG.

[57]) § 79 DeutschVVG. Art. 5 Abs. 2 SchweizVVG. Art. 71 ÖsterrVVG.

[58]) § 161, 179 Abs. 4 DeutschVVG. Art. 75 Abs. 3 SchweizVVG. § 131 Abs. 3 ÖsterrVVG.

[59]) Bruck, S. 181; Ostertag S. 72; Ehrenzweig, S. 389.

[60]) § 161 DeutschVVG. Art 75 SchweizVVG. analog (Ostertag S. 205); § 155 Abs. 3 ÖsterrVVG.

[61]) Bruck, S. 181.

[62]) Vgl. über die Formvorschriften für den Versicherungsvertrag Hagemann 1. Teil II 3.

troß strenger Formvorschriften für den Abschluß des Vertrages keine formelle Anzeige der Gefahrumstände verlangt, während umgekehrt in einigen Fällen der Vertrag formlos abgeschlossen wird, die Anzeigen jedoch schriftlich zu erfolgen haben.

Es sind zwei Hauptgruppen zu unterscheiden:

1. Länder, in denen die Anzeige formlos gültig ist;

2. Länder, in denen eine bestimmte Form für die Anzeige gefordert wird.

Diese beiden Gruppen haben wiederum je zwei Untergruppen, und zwar einmal die Länder, deren Rechtsordnungen die gleichen Formvorschriften für Abschluß des Vertrages und Anzeige der Gefahrumstände haben, in denen also entweder beide Erklärungen formgebunden sind oder beide formfrei Wirksamkeit haben und diejenigen Länder, in denen die Formvorschriften für die beiden Erklärungen voneinander abweichen.

1. Länder, in denen die Anzeigen formlos gültig sind:

a) Besonders zahlreich sind diejenigen Länder, in denen weder für den Abschluß des Vertrages noch für die Anzeigen vor Vertragsabschluß Formvorschriften vorhanden sind. Das sind:

Aegypten — Belgien— Dänemark — Deutschland — Frankreich = Dominikanische Republik — Groß-Britannien — Japan — Italien — Luxemburg — Monaco — Norwegen — Österreich — Polen — Spanien (Binnenversicherung) = San Salvador und Honduras — Rumänien — Schweden — Tschecho-Slowakei — Ungarn — Vereingte Staaten von Nordamerika.

b) Dagegen müssen in Spanien[63], Peru (Seeversicherung)[64] und in Bolivien[65] die Versicherungsverträge schriftlich abgefchlossen werden[66], während für die Anzeigen keine Formvorschriften vorhanden sind.

2. Länder, in denen eine bestimmte Form für die Anzeige vorgeschrieben ist.

a) Die Anzeige ist nur schriftlich, der Vertragsabschluß auch formlos gültig in:

Brasilien (Seeversicherung)[67] — China[68] — Equador[69] — Portugal[70] — Sowjet-Rußland[71] (Binnenversicherung) — Türkei[72] — Uruguay[73] — Venezuela[74].

b) Eine schriftliche Anzeige der Gefahrumstände wird, obwohl der Vertragsabschluß formlos gültig ist, wenn er auch in der Regel schriftlich erfolgt, gefordert in:

Argentinien[75] — Chile[76] — Guatemala[77] — Columbien[78] — Holland[79] und Paraguay[80].

Das Erfoerdernis der schriftlichen Anzeige erklärt sich für die genannten Länder daraus, daß der Vertrag durch Unterschreibung des

---

[63]) Art. 737 SpanHGB.
[64]) Art. 750 PeruHGB.
[65]) Art. 198 BolivienHGB.
[66]) Abschluß der Seeversicherung muß in England schriftlich erfolgen.
[67]) Art. 666 u. 667 BrasilienHGB.
[68]) Art. 7, 16 ChinaVVG.
[69]) Art. 546 u. 547 Ziff. 8 EquadorHGB.
[70]) Art. 426 Abs. 1 u. 426 Abs. 2 Ziff. 9 PortugalHGB.
[71]) § 379 SowjetBGB. für Binnenversicherung.
[72]) Art. 964 TürkeiHGB., 948 TürkeiHGB.
[73]) Art. 644 u. 645 UruguayHGB.
[74]) Art. 505 u. 506 Ziff. 9 VenezuelaHGB.
[75]) Art. 504 Ziff. 8 ArgHGB.
[76]) Art. 516 Ziff. 9 ChileHGB.
[77]) Art. 516 Ziff. 9 GuatemalaHGB.
[78]) Art. 640 Ziff. 9 ColumbHGB.
[79]) Art. 256 HollHGB.
[80]) Art. 504 Ziff. 8 ParaguayHGB.

Antrags, der auch gleichzeitig die Angaben über die gefahrerheblichen Umstände enthält, zustande kommt oder daß, sofern der Vertrag selbst schon formlos gültig ist, der Versicherungsschein auf diese Weise entsteht. Daher auch die in den Gesetzen der betreffenden Länder bis ins Einzelne gehende Aufzählung aller Punkte, die in dem Versicherungsschein enthalten sein müssen, unter denen sich auch die Bestimmung findet, daß die Police „die Angaben aller Umstände, welche dem Versicherer eine vollständige Kenntnis des Risikos verschaffen können"[81]) enthalten muß.

Schriftliche Anzeigen, obwohl der Vertrag formlos gültig ist, werden auch in der Schweiz[82]), allerdings aus einem anderen Grunde verlangt. Hier hat der Versicherungsnehmer lediglich die mittels eines Fragebogens oder sonst in schriftlicher Form an ihn gestellten Fragen schriftlich zu beantworten. Andere Umstände, nach denen er nicht in der bezeichneten Weise gefragt worden ist, hat der Versicherungsnehmer nicht anzuzeigen.

F. Umfang.

I. Anzeigepflichtige „Umstände".

Der Satz: „Anzeigepflichtig sind alle gefahrerheblichen Umstände" ist grundsätzlich für die Rechtsordnungen sämtlicher Länder anwendbar.[83])

a) Unter „Umständen" sind nach der Begriffsbestimmung von Bruck zu verstehen: „Tatsachen, die Schlußfolgerungen ermöglichen oder nahelegen auf die individuelle Beschaffenheit des zu versichernden Interesses oder auch die Eigentümlichkeiten der zu versichernden Person[84])."

1. Hiervon interessieren den Versicherer vor allem diejenigen Umstände, die zusammengefaßt die jeweils vorliegende Versicherungsgefahr bilden[85]). Diese Umstände müsesn zur Zeit der Vertragsverhandlungen vorhanden sein. Als vorhandene Umstände sind auch Absichten anzusehen, die auf die Herbeiführung von Tatsachen gerichtet sind[86]). (Die Absicht, das Schiff zum Alkoholschmuggel zu gebrauchen[87]), die beabsichtigte Änderung der Verwendung des versicherten Autos[88]), die Absicht, vom Reiseweg abzuweichen[89]).)

2. aa) Ferner sind anzeigepflichtige Umstände diejenigen Tatsachen, die, obwohl sie selbst versicherungsrechtlich nicht von Bedeutung sind, als Indizien dem Versicherer einen Rückschluß auf die Versicherungsgefahr ermöglichen. So läßt die Tatsache, daß der Antragsteller einer Lebens- oder Krankenversicherung schon häufig von Krankheiten befallen war, den Schluß zu, daß der Antragsteller weniger widerstandsfähig ist, somit die Möglichkeiten des Eintritts eines Versicherungsfalles näher liegt[90]). Ferner kann die Tatsache, daß der Versicherungsnehmer schon viele Brandschäden[91]) gehabt hat, auf erhöhte Feuer-

[81]) Art. 516 Ziff. 9 ChileHGB. Oder wie sich Art. 504 Ziff. 8 ArgentinienHGB. ausdrückt: „Alle Umstände, deren Kenntnis von wirklichem Interesse für den Versicherer sein können".

[82]) Art. 4 Abs. 1 SchweizVVG.

[83]) Eine Ausnahme bilden z. B. die Länder mit unselbständiger Anwortpflicht, bei denen u. U. ein gefahrerheblicher Umstand mangels entsprechender Nachfrage nicht angezeigt zu werden braucht.

[84]) Bruck, S. 184.

[85]) Vgl. die bei Bruck Komm. S. 80 angeführten Beispiele.

[86]) Möller, HansRGZ. A. 1929 Sp. 558 Anm. 24.

[87]) OLG. Hamburg v. 4. 12. 24, HansRZ. 1925 Sp. 193, 194 = JR. 1925 S. 112.

[88]) Vgl. dazu RG. v. 30. 10. 14 Annalen des ges. Vers. Wesens 1915 S. 41—43; Kisch, II, 1920 S. 195 Anm. 1.

[89]) ROHG. Bd. 8 S. 231.

[90]) Feilchenfeld, Z. 1929 S. 89.

[91]) RG. vom 22. 9. 03 VA. 1904 S. 60 Nr. 39; RG. vom 28. 6. 26; JR. 1926 S. 296; RG. in VA. 1928 S. 42 Nr. 1692; RG. v. 11. 1. 30; JR. 1930 S. 97.

gefährlichkeit des Hauses deuten, aber auch auf eine besondere Unvorsichtigkeit des Versicherungsnehmers. Ebenso gibt die Tatsache der Ablehnung eines Versicherungsantrags durch andere Gesellschaften die Möglichkeit, Schlüsse zu ziehen sowohl hinsichtlich der Beschaffenheit des Gegenstandes als auch hinsichtlich des Verhaltens des Versicherungsnehmers[92]).

bb) Die Gefahr, die von der Person des Versicherungsnehmers selbst infolge seines Verhaltens ausgeht, wird verschiedenartig bezeichnet: Frankreich kennt das „risque subjectif"[93]). Ebenso die Schweiz[94]). In Österreich wird der Ausdruck „Moralisches Risiko"[95]) und in England „moral hazard"[96] verwandt, während in Deutschland keine feste Bezeichnung üblich ist. Der in der deutschen Versicherungspraxis häufig verwandte Ausdruck „Subjektives Risiko" ist weitgehender als die oben angegebenen Bezeichnungen. Er umfaßt außer der versicherungsrechtlichen Gefahr, die von der Person des Versicherungsnehmers ausgeht, noch die vom RG. und Bruck[97]) herausgearbeitete sogenannte „Vertragsgefahr". Hierunter ist die Gefahr zu verstehen, die der Versicherer trägt, daß er einen Vertrag gerade mit dieser Person abschließt. Diese indizierenden Tatsachen, die dem Versicherer „einen Rückschluß auf die Chancen, die sich ihm durch den Versicherungsvertrag darbieten"[98]), ermöglichen, hat der Versicherungsnehmer nach Bruck und dem RG.[99]) anzuzeigen.

Für das französische Recht weist Moncharmont[100]) darauf hin, daß der Schadensversicherungsvertrag kein „contrat personel" sei, der Versicherer aber trotzdem ein Interesse an der Kenntnis persönlicher Umstände habe, weil diese gefahrerhöhend wirken könnten, wie z. B. besondere Unvorsichtigkeit und Nachlässigkeit des Versicherungsnehmers[101]). Es handele sich hier jedoch um gänzlich ausgefallene Fälle; dafür sei der beste Beweis, daß die Policentype für Feuerversicherung beispielsweise die frühere Pflicht, Vorschäden anzuzeigen, nicht mehr kennt.

In den übrigen Ländern ist eine Anzeigepflicht hinsichtlich des Vertragsrisikos unbekannt. Nolst-Trenité[102]) weist für Holland ausdrücklich darauf hin, daß es bei Beurteilung der Frage, ob eine Anzeigepflicht vorhanden war oder nicht, nur darauf ankomme, daß der Versicherer

---

[92]) Bundesgericht (Schweiz) 33, II S. 414 u. 34 II S. 537. Journal des Assurances 1910 S. 26 ff. RG. v. 22. 9. 03 VA. 04 S. 60 Nr. 39.

[93]) Tribunal de Besancon, 12. 7. 1887 R.P. 1887 S. 410. Delalande et Couturier, Traité théorique et pratique du contrat d'assurance contre l'incendie, Paris 1886 Nr. 216. Tribunal de Besançon v. 12. 7. 1887 R.P. 1887 S. 410. Moncharmont S. 45: So hat der Versicherungsnehmer z. B. anzuzeigen, ob er Eigentümer des Grund und Bodens ist, auf dem er das Haus gebaut hat, denn der Pächter hat insbesondere gegen Ende des Pachtverhältnisses kein großes Interesse mehr an der Erhaltung des Hauses, da er lieber die Versicherungssumme erhält, als das Gebäude dem Verpächter zu überlassen oder billig an ihn zu verkaufen oder abbrechen zu lassen.

[94]) Roelli S. 72 und dort zit. zahlreiche Entscheidungen. Diejenigen Umstände, die regelmäßig die Eigenschaften, Zweckbeziehungen und räumlichen Beziehungen des Versicherungsobjektes bilden, werden objektive Gefahrtatsachen genannt (Roelli, S. 72).

[95]) Ehrenzweig, S. 33.

[96]) Welford, Acc. S. 28 Anm. c.

[97]) Vgl. Bruck in JW. 1931 S. 3192; Besprechung von RG. v. 15. 5. 31 daselbst. Bruck, Komm. S. 81/82.

[98]) Bruck, Komm. S. 81.

[99]) RG. v. 15. 5. 31; JW. 1931 S. 3192 = VA. 1932, S. 215 Nr. 2292 = HansRGZ. A. 1931 S. 661.

[100]) S. 48.

[101]) Gemeint ist hier nur die versicherungsrechtliche Gefahr, die von der Person des Versicherungsnehmers ausgeht.

[102]) Nolst-Trenité, Zeeverzekering S. 373.

die Versicherungsgefahr richtig beurteilen konnte. Unbeachtlich sei dagegen, ob er den Vertrag aus anderen Gründen nicht abgeschlossen haben würde.

b) **Kenntnis der Umstände** (des Versicherers).

Umstände von allgemeiner Gefahrerheblichkeit[103]) sind nicht anzeigepflichtig. Gewisse Umstände sind so typisch für das zu übernehmende Risiko, daß vorausgesetzt werden kann, der Versicherer kenne diese Umstände aus anderen Verträgen gleicher oder ähnlicher Art.

1. Dem Versicherer bekannte Umstände sind niemals anzeigepflichtig. Das ergibt sich schon aus dem Zweck der Anzeigepflicht (Information des Versicherers über die Gefahrslage), wird jedoch in mehreren Ländern noch ausdrücklich hervorgehoben[104]).

2. In einigen Ländern ist der Versicherungsnehmer nicht nur von der Anzeigepflicht entbunden, wenn der Versicherer den Umstand kannte, sondern auch, wenn der Versicherer den Umstand hätte kennen müssen. Dem Versicherer wird somit eine Erkundigungspflicht auferlegt. So in: Großbritannien und Vereinigte Staaten[105]), Holland[106]), Japan[107]), Norwegen[108]), Schweden[109]).

II. „Gefahrerheblichkeit".

Anzeigepflichtig sind nur gefahrerhebliche Umstände. Hinsichtlich des Begriffs der Gefahrerheblichkeit stimmen sämtliche Rechtsordnungen der verschiedenen Länder miteinander überein, wenn auch nicht im Wortlaut, so doch dem Sinne nach.

Am umfassendsten ist die englische Umschreibung, die besagt: „every fact is material, which would reasonably affect the minds of a prudent and experienced insurer in deciding whether he will accept the risk, or in fixing the amount of premium be charged in case they accept it[110])."

---

[103] „matters of common notoriety or knowledge". M.I.A. s. 18 Abs. 3b, der Versicherer muß die Feuergefährlichkeit gewisser Gebäudearten und die Unfallgefahr gewisser Personengruppen kennen, er braucht aber nicht zu wissen, wodurch die Gefahr im Einzelnen erhöht wird. Bruck, Komm. S. 81. Vgl. RG. vom 3. 2. 25 HansRZ. 25 S. 395 = LZ. 1925 S. 770 = VA. 1926 S. 153 Nr. 1502. KG. v. 11. 12. 26, HansRZ. 1927 S. 92 = JR. 1927 S. 49. Nolst-Trenité, Brandverzeekering S. 155, Zeeverkering, S. 366, Rotterdam, 16. 12. 1874 in Weekblad van het Recht 1874 S. 3793. Hof den Haag v. 21. April 1884 in Weekbl. van het Recht 1884 S. 5058.

[104]) MIA. s. 17 Abs. 3b; Art. 8 Ziff. 3 u. 4 SchweizVVG.; § 4 Abs. 1 ÖsterrVVG.; § 16 Abs. 3 DeutschVVG.; § 20 Abs. Satz 1 ADS.; § 9 Norw.VVG.; § 9 Schweden-VVG.; Art 398 JapanHGB.; Carter v. Boehm (1776) 3 Burr. 1905 (Seev.) per Lord Mansfield S. 1910; Anglo-Californian Bank v. London and Provincial Marine and General Ins.Co. (1904) 10 Com.Cas. 1. Aber: it is not sufficient that they knew the fact once, if it was not present to their minds at the time of insuring. (Bates v. Hewitt (1867) LR. 2 QB. 595 (See) per Cockborn, at p. 606.

[105]) MIA. s. 18 Abs. 3b: „the following circumstances need not be disclosed: b) any circumstances which is known or presumed to be known to the insurer. The insurer is presumed to know matters of common notoriety or knowledge, and matters which an insurer in the ordinary course of his business, as such, ought to know." Ionides v. Pender (1874) L.R. 9 Q.B. (Seevers.) per Blackburn at p. 537; Seaton v. Burnand (1900) A.C. 135 (Kreditvers.) per Lord Shand at p. 147. Vgl. Welford, Fire S. 136.

[106]) Rotterdam v. 28. 4. 22 Weekblad van het Recht 1922 S. 10938; Rotterdam 21. 6. 22 Weekblad van het Recht 1922 S. 10956; Rotterdam v. 28. 11. 24 Weekblad van het Recht 1924 S. 11334; Hof den Haag v. 21. 4. 1884 Weekblad van het Recht S. 5058; Arnhem v. 13. 3. 1882 im Weekblad van het Recht 1882 S. 4794; Rotterdam v. 9. 11. 1904 im Weekblad van het Recht 1904 S. 8222.

[107]) Art. 398 JapanHGB.

[108]) § 9 NorwegenVVG.

[109]) § 9 SchwedenVVG.

[110]) Dawsons Ltd. v. Bonnin (1922) 2 A.C. 413, per Lord Findlay at p. 433; Rivaz v. Gerussi (1880) 6 Q.B.D. 222, C.A. (See) per Brett at p. 229. Vgl. Welford

Es kommt zunächst darauf an, ob die Umstände geeignet waren, auf den Entschluß des Versicherers den Vertrag überhaupt oder zu diesen Bedingungen abzuschließen, einen Einfluß auszuüben[111]).

Ebenso besagen die Gesetze von Chile[112]), Columbien[113]), Spanien[114]), Portugal[115]), Mexiko[116]), Peru[117]) lediglich, daß Umstände anzuzeigen sind, die dem Versicherer die Abschätzung des Risikos ermöglichen.

Ob nun diese Tatsache geeignet war, den Entschluß des Versicherers zu beeinflussen, ist nach objektiven Grundsätzen zu entscheiden[118]). Nicht beachtlich ist das Vorbringen des Versicherers, er schlösse derartige Verträge grundätzlich nicht ab, sondern es kommt lediglich darauf an, ob der Umstand „would influence the judgment of a prudent insurer"[119]). Ausdrücklich hervorgehoben wird dieser Grundsatz im Art. 498 ArgentinienHGB., der besagt, daß eine Verletzung der vorvertraglichen Anzeigepflicht den Vertrag nichtig macht, wenn nach dem Urteile Sachverständiger der Versicherer bei Kenntnis der wahren Sachlage den Abschluß des Vertrages verhindert oder dessen Bedingungen modifiziert hätte.

Nicht anzeigepflichtig sind Umstände, die die Höhe der Gefahr vermindern[120]).

III. Einfluß des Fragebogens.

Bei der außerordentlich ins Einzelne gehenden Versicherungstechnik kann der Versicherungsnehmer im allgemeinen nicht ohne weiteres erkennen, welche Umstände gefahrerheblich sind. Um dem Versicherungsnehmer in der Auswahl der anzuzeigenden Umstände behilflich zu sein, wird ihm aller Regel nach vom Versicherer ein Fragebogen vorgelegt. Die rechtliche Tragweite der Anzeigepflicht des Versicherungsnehmers im Falle des Vorliegens eines Fragebogens ist außerordentlich verschieden. So wird in einigen Ländern lediglich eine widerlegbare Vermutung für die Gefahrerheblichkeit der vorgelegten Fragen aufgestellt, während sich nach den Vorschriften anderer Länder die Anzeigepflicht auf die gestellten Fragen beschränkt und so aus der Anzeigepflicht eine Antwortpflicht wird. Schließlich ist schon nach den Gesetzen einiger Länder der Versicherungsnehmer nur verpflichtet, Anzeigen zu erstatten, wenn ihm ein Fragebogen oder schriftliche Fragen vorgelegt werden.

Fire, S. 131; ders. Acc. S. 25; ähnlich USA. Corp. Iur. etc. Bd. 26 S. 155; U.S.-Clark v. Manufacturers Ins.Co. 8 How. 235, 12 L at p. 1061; New York Bowery Fire Ins.Co. v. New York Fire Ins.Co. (1837) 17. Wend. 359. Eine Art Vertragsrisiko wird in England, soweit ersichtlich, nicht berücksichtigt. Anders Pauly S. 15.

[111]) Ähnlich § 806 Abs. 1 DeutschlandHGB., § 2026 ALR. II 8; § 3 Abs. 3 ÖsterrVVG. Art. 4 Abs. 2 SchweizVVG.; s. 18 Abs. 2 MIA. Art. 8 LuxemburgVVG.; Art. 948 Abs. 1 TürkeiHGB.; Art 348 FrankreichHGB.; Art. 498 ArgentinienHGB.

[112]) Art. 556 ChileHGB.

[113]) Art. 680 ColumbienHGB.

[114]) Art. 381 Ziff. 3 SpanienHGB.

[115]) Art. 429 PortugalHGB.

[116]) Art. 393 MexicoHGB.

[117]) Art. 376 Ziff. 3 PeruHGB.

[118]) Bruck. S. 186; Lewis S. 80; Ehrenberg, S. 335.

[119]) MIA. s. 18 Abs. 2; Dawson Ltd. v. Bonnin (1922) 2 A.C. 413 per Lord Findlay at p. 433; vgl. Welford Fire S. 131; Welford, Acc. S. 25; ferner Roelli, S. 74; Schweizer Bundesgericht, Bd. 22 S. 807, 802; Bd. 23 S. 1765; Bd. 33 II S. 412; Ehrenberg I, S. 335. Nolst-Trenité, Brandverzekering, S. 160.

[120]) Bruck, S. 186 Anm. 43; Ehrenberg S. 334; Kisch S. 213; Ritter S. 350; MIA. s. 18 Abs. 3; Welford, Fire S. 137 Carter v. Boehm (1766) 3 Burr. 1905 (Seev.) per Lord Mansfield at p. 1910.

a) In Deutschland[121]), Österreich[122]), Großbritannien[123]) und den Vereinigten Staaten von Nordamerika[124]) sollen die schriftlich gestellten Fragen dem Versicherungsnehmer zeigen, über welche Umstände der Versicherer genaue Auskunft wünscht.

Umstände, nach denen ausdrücklich und schriftlich gefragt worden ist, gelten als erheblich. Der Versicherungsnehmer hat somit grundsätzlich alle derartigen Fragen zu beantworten. Die Frage allein begründet jedoch nicht die objektive Erheblichkeit des Umstandes. Vielmehr gelten die Umstände nur im Zweifel als erheblich[125]), so daß dem Versicherungsnehmer die Möglichkeit offen bleibt, nachzuweisen, daß die Umstände, nach denen gefragt worden ist, für diesen Fall unerheblich sind[126]). Dann ist die Anzeigepflicht nicht verletzt[127]). Die Bedeutung der schriftlichen Frage liegt somit für den Versicherer in der Umkehrung der Beweislast[128]). Nunmehr hat der Versicherungsnehmer die Unerheblichkeit des Umstandes, nach dem gefragt worden ist, zu beweisen. Die Fragestellung enthebt den Versicherungsnehmer jedoch nicht von der Verpflichtung, sonstige Umstände, nach denen nicht ausdrücklich gefragt worden ist, anzuzeigen. Denn es darf nicht der Umkehrschluß gezogen werden, daß alle Umstände, nach denen nicht gefragt worden ist, unerheblich seien[129]). Da der Versicherungsnehmer durch die Stellung einer Anzahl von Fragen annehmen wird, daß dem Versicherer nur diese Umstände als erheblich erscheinen, er somit anderen Umständen keine besondere Aufmerksamkeit zuwendet, ist in Deutschland die Regelung getroffen worden, daß die Nichtanzeige von Umständen, nach denen der Versicherer nicht gefragt hat, dem Versicherungsnehmer nur bei arglistiger Handlungsweise schaden soll[130]).

Ebenso treten in Österreich für den Versicherungsnehmer nur dann nachteilige Folgen ein, wenn er in der Absicht, Schaden zuzufügen (arglistig) gefahrerhebliche Umstände verschwiegen oder aus grober Fahrlässigkeit unrichtig angegeben hat[131]).

Nach angloamerikanischem Recht braucht der Versicherungsnehmer nur diejenigen Umstände anzuzeigen, nach denen er gefragt ist[132]). Das gilt aber auch nur, soweit das Gebiet durch Fragen überhaupt berührt worden ist. Hinsichtlich dieses bestimmten Gebietes gelten die Fragen als erschöpfend. Ist die Gefahrenquelle durch den Fragenkomplex gar-

---

[121]) § 18 Abs. 1 DeutschVVG.

[122]) Art. 3 Abs. 3 Satz 2 ÖsterrVVG.

[123]) Glicksman v. Lancashire and General Ins. Co. (1927) A.C. 139 per Lord Dunedin at p. 144, Newsholme Brothers v. Road transport and General Ins. Co. (1929) 2 K.B. 356 C.A. (Unfallvers.) per Scrutton, L.J. at p. 362.

[124]) Corp. Iur. etc. Bd. 26 S. 158.

[125]) § 18 Abs. 1 DeutschVVG. Art. 3 Abs. 3 Satz 2 ÖsterrVVG.

[126]) Bruck, S. 187; Ehrenzweig, S. 34.

[127]) Perrins v. Marine etc. Ins Society (1859) 2 E. &E. p. 317; Metropolitan Life Ins. Co. v. Montreal Coal and Towing Co. (1904) 35 Can. S.C.R. 266 (Leben): Versicherter hatte auf die Frage nach anderen Versicherungen alle Lebensversicherungen, nicht aber Unfallversicherungen angegeben.

[128]) Bruck, S. 187; Ehrenzweig, S. 34.

[129]) Bruck, S. 187; Ehrenberg, S. 338; Kisch, S. 228; Lewis, S. 85; RG. v. 14. 10. 10 JW. 1911 S. 61 = LZ. 1911 S. 309.

[130]) § 18 Abs. 2, § 22 DeutschVVG.

[131]) § 3 Abs. 2 ÖsterrVVG.

[132]) Joel v. Law Union and Crown Ins. Co. (1908) 2 K.B. 863 C.A. (Leben) per Vaughan Williams at p. 878; Laidlaw v. Liverpool and London etc. Ins. Co. (1867) 13 Grant, p. 377, where the Assured on applying to insure omitted unintentionally certain perticulars of the property respecting which no question was asked. Thus, if the proposer is asked to state how many fires he has had during the last three years, the specification of a precise period will relieve him from the duty of disclosing a fire which happened 5 years ago. U.S.A.: Penn. Mut. Life Ins. Co. v. Mechanics' Saving Bank & Trust Co. Digest Bd. 2 S. 4989 § 104e.

nicht berührt, so hat der Versicherungsnehmer die außerhalb liegenden Umstände selbständig anzuzeigen[133]).

b) In Holland bewirkt die Vorlage eines Fragebogens, daß der Versicherungsnehmer **nur** diejenigen Umstände zu beantworten hat, nach denen er gefragt worden ist. Was nicht gefragt ist, braucht nicht angezeigt zu werden[134]). Dadurch, daß der Versicherer eine bestimmte Anzahl Fragen stellt, gibt er kund, daß er die sich auf diese Umstände beziehenden Antworten in die Police aufnehmen will. Denn die Umstände sind nach Art. 256 Nr. 8 HollHGB. auf der Versicherungsurkunde aufzunehmen, die lediglich den vom Versicherer unterschriebenen Antrag des Versicherungsnehmers darstellt.[135]).

Auch in Ungarn haftet der Versicherungsnehmer, falls ihm ein Fragebogen vorgelegt worden ist, nur für die Richtigkeit der auf die Fragepunkte gemachten Angaben[136]).

Nach der französischen Rechtsprechung hat der Versicherungsnehmer, falls die Antworten die Grundlage des Vertrages bilden und in die Police aufgenommen werden sollen, nur die Umstände anzuzeigen, nach denen ausdrücklich gefragt worden ist[137]).

In den übrigen Fällen, in denen die Anzeigen nicht mit in die Police aufgenommen werden, hat der Versicherungsnehmer auch in Frankreich alle Umstände anzugeben, nach denen nicht gefragt ist, vorausgesetzt, daß der Fragebogen nicht als erschöpfend anzusehen ist[138]).

In der Schweiz[139]), Rumänien[140]), der Türkei[141]) und China[142]) hat der Versicherungsnehmer nur auf die schriftlichen Fragen zu antworten. (In der Schweiz mit der Einschränkung: „alle für die Beurteilung der Gefahr **erheblichen** Tatsachen" [Art. 4 Abs. 1 SchweizVVG.]). Der Versicherungsnehmer ist lediglich verpflichtet, die Umstände anzuzeigen, nach denen der Versicherer ausdrücklich gefragt hat[143]). Die Anzeigepflicht wird hierdurch zu einer unselbständigen Antwortpflicht. Die Die Grenze der unselbständigen Antwortpflicht liegt darin, daß sich der Versicherungsnehmer nicht einer arglistigen Verschweigung schuldig machen darf[144]).

Die schriftliche, ausdrückliche Frage nach Gefahrumständen stellt die widerlegbare Vermutung der Erheblichkeit des Umstandes auf[145]). Nach Schweizer Recht besteht allerdings keine Vermutung dafür, daß die Tatsache eine Gefahrstatsache ist; steht aber fest, daß eine Gefahrstatsache vorliegt, so besteht die Vermutung ihrer Erheblichkeit[146]).

---

133) Morison v. Muspratt (1827) 4 Bing 60. Hand. Ges. d. Erdballs Bd. 11 Abt. 1 Buch VII S. 444.

134) Nolst-Trenité, Brandverzekering S. 158. Haben keine bestimmten Fragen vorgelegen, so hat der Versicherungsnehmer von sich aus alle gefahrerheblichen Umstände anzuzeigen.

135) Vgl. Hagemann, 2. Teil I 2.

136) Art. 474 Abs. 2 UngarnHGB.

137) Angers 28. 12. 1881 (D. 1883. 2 S. 105); Tribunal civil Seine 17. 12. 1927 (R.P. 1928 S. 226); Tribunal de commerce Saint-Quentin, 22. 11. 1927 (R.P. 1928 S. 56); Moncharmont S. 35.

138) Moncharmont, S. 35.

139) SchweizVVG. Art. 4 Abs. 1.

140) Art. 54 Abs. 1 RumVVG.

141) Art. 948 Abs. 1 TürkeiHGB.

142) Art. 16 ChinaVVG.

143) Art. 948 Abs. 5 TürkeiHGB.: „L'assure n'est respondsable que du questionnaire qu'il est appelé à remplir lors de la conclusion de l'assurance".

144) Art. 4 Abs. 3 SchweizVVG.; Roelli, S. 76.

145) Roelli S. 77.

146) Roelli S. 77.

G. Verletzung.

Die Verletzung der vorvertraglichen Anzeigepflicht kann in einem Unterlassen der Anzeige, d. h. einer Nichtanzeige (manchmal auch Verheimlichung genannt) und einer Falschanzeige bestehen. Ferner kann die Verletzung arglistig (bösgläubig), vorsätzlich, grob oder leicht fahrlässig und unverschuldet geschehen.

Hieraus können die verschiedensten Kombinationen entstehen. Je älter die Gesetze sind, desto einfacher ist die Regelung hinsichtlich der Verletzung der vorvertraglichen Anzeigepflicht. In den alten Gesetzen wird in der Regel kein Unterschied zwischen Falsch- und Nichtanzeige und zwischen verschuldeter und unverschuldeter Verletzung der Anzeigepflicht gemacht, während die neueren Gesetze eine oft sehr feine Unterteilung, insbesondere hinsichtlich des Verschuldens kennen.

I. Länder, in denen keine Unterscheidung zwischen schuldhafter und unverschuldeter Verletzung der vorvertraglichen Anzeigepflicht gemacht wird.

a) Der Vertrag.

In Brasilien[147]) — Argentinien[148]) — Belgien[149]) — Columbien[150]) — Chile [151]) — Holland[152]) — Italien[153]) — Mexiko[154]) — Peru[155]) — Portugal[156]) — Rußland[157]) — Spanien[158]) — Ungarn[159]) — und Uruguay[160])

treten die Folgen der Verletzung der vorvertraglichen Anzeigepflicht ohne Rücksicht darauf, ob den Versicherungsnehmer ein Verschulden trifft oder nicht, ein. Ein Unterschied zwischen der Verletzung durch Falsch- oder Nichtanzeige wird nicht gemacht. — Ist ein gefahrerheblicher Umstand nicht oder falsch angezeigt worden, so ist der Vertrag schlechthin unwirksam[161]). Eine besondere Nichtigkeitflerklärung von Seiten des Versicherers ist im allgemeinen nicht notwendig[162]).

Lediglich in Rußland, Ungarn, Rumänien und der Türkei muß eine ausdrückliche Erklärung des Versicherers erfolgen. In Ungarn muß der Versicherer den Vertrag in Form einer Klage oder Einrede anfechten[163]). In Rußland muß eine gerichtliche Nichtigkeitserklärung in einer Präklusivfrist[164]) beantragt werden[165]). In Rumänien hat der Versicherer den Vertrag innerhalb von drei Monaten[166]) und in der Türkei innerhalb eines Monats den Vertrag zu „annullieren"[167]).

---

[147]) Art. 1444 BrasilienBGB.
[148]) Art. 498 ArgentinienHGB.
[149]) Art. 9 BelgienVVG.; Art. 177 Belgien HGB.
[150]) Art. 681 Abs. 1 ColumbienHGB.
[151]) Art. 557 ChileHGB.
[152]) Art. 251 HollandHGB.
[153]) Art. 425 ItalienHGB.
[154]) Art. 393 MexicoHGB.
[155]) Art. 176 PeruHGB.
[156]) Art. 429 Abs. 1 PortugalHGB.
[157]) Art. 382 Abs. 1 SowjetBGB.
[158]) Art. 381 SpanienHGB.
[159]) Art. 474 UngarnHGB.
[160]) Art. 661 Abs. 2 UruguayHGB.
[161]) Vgl. Art. 1444 BrasilieenBGB.: „Der Versicherungsnehmer verliert den Anspruch auf den Wert der Versicherung." Im übrigen wird der Ausdruck „nichtig" gebraucht.
[162]) In Belgien ist der Vertrag nichtig und zwar „avec effet retrospectif". (Eekhout S. 123).
[163]) Art. 474 UngarnHGB.
[164]) von 2 Wochen.
[165]) Art. 383 SowjetBGB.
[166]) Art. 54 Abs. 4 RumänienVVG.
[167]) Art. 948 Abs. 1 Satz 2 und Abs. 2 TürkeiHGB.

Die Nichtigkeit des Vertrages wird nicht auf die Fälle beschränkt, in denen die Falsch- oder Nichtanzeige kausal für den Eintritt oder Umfang des Schadens war[168]). Mithin ist der Vertrag immer nichtig, wenn dem Versicherer durch eine Falsch- oder Nichtanzeige ein unrichtiges Bild von der Gefahrslage vermittelt worden ist.

b) Die Prämie.

Nunmehr ist zu untersuchen, wem im Falle der Nichtigkeit des Vertrages die gezahlte oder fällige Prämie gebührt. Hierin weichen die Regelungen auch derjenigen Länder, die eine im Wesentlichen gleiche Behandlung des Vertrages bei der Anzeigepflichtverletzung aufweisen, erheblich voneinander ab.

Das brasilianische BGB.[169]) bestimmt: „Der Versicherungsnehmer verliert den Anspruch auf den Wert der Versicherung, muß aber die fällige Prämie bezahlen". Es wird somit auch in der Prämienfrage keine Rücksicht darauf genommen, ob der Versicherungsnehmer schuldhaft gehandelt hat oder nicht.

Bei der Mehrzahl der Länder, in denen die Nichtigkeit des Vertrages ohne Rücksicht auf das Verschulden eintritt, wird hinsichtlich der Prämienfrage jedoch das Verhalten des Versicherungsnehmers berücksichtigt. So wird in

Columbien[170]) — Belgien[171]) — Chile[172]) — Argentinien[173]) — Italien[174]) — Rumänien[175]) — und der Türkei[176])

die Frage, ob der Versicherer die gezahlte Prämie zurückhalten darf, oder einen Anspruch auf Zahlung der fälligen Prämie hat, davon abhängig gemacht, ob der Versicherungsnehmer in gutem Glauben gehandelt hat oder nicht.

Hat der Versicherungsnehmer bösgläubig gehandelt, so ist der Versicherer in allen oben genannten Ländern berechtigt, die gezahlte Prämie zu behalten, oder die fällige Prämie zu fordern[177]).

Die Behandlung der Prämie bei gutgläubiger Verletzung der vorvertraglichen Anzeigepflicht ist lediglich in den Gesetzen von Belgien, Argentinien und Rumänien vorgeschrieben. Nach Art. 522 Argentinien HGB. und Art. 11 BelgienVVG.[178]) hat der Versicherer Prämien bezüglich des Teils herauszugeben, für den er das Risiko nicht mehr trägt. In Rumänien kann der Versicherer den Teil der Prämie behalten, die der Zeit vom Beginn der Versicherungsperiode bis zum Zeitpunkt der Kennt-

---

[168]) So ausdrücklich Art. 425 Abs. 1 ItalienHGB. und Art. 348 Abs. 2 Code de Commerce von Frankreich: „L'assurance est nulle, même dans le cas ou la réticence, la fausse déclaration ou la différence, n'aurait pas influé sur le dommage ou la perte de l'objet assuré".

[169]) Art. 1444 BrasilienBGB.

[170]) Art. 682 ColumbienHGB.

[171]) Art. 10 BelgienVVG.

[172]) Art. 558 ChileHGB.

[173]) Art. 522 ArgentinienHGB.

[174]) Art. 529 Abs. 3 ItalienHGB.

[175]) Art. 54 Abs. 5 RumänienVVG.

[176]) Art. 948 Satz 4 TürkeiHGB.

[177]) Vgl. Art. 523 ArgentinienHGB.; Art. 429 ItalienHGB.; Art. 429 Abs. 1 PortugalHGB.; Art. 11 BelgienVVG.; Art. 682 ColumbienHGB. (Der Versicherer kann die Prämie fordern, selbst wenn er die Gefahr noch garnicht getragen hat); Art. 558 ChileHGB.; Art. 54 Abs. 5 RumänienVVG.; Art. 948 Satz 4 TürkeiHGB.: „si la mauvaise foi de l'assuré est dûment établie".

[178]) Anders Art. 8 der Belgischen Feuerversicherungspolice: „qu'en cas d'annulation... pour quelque cause que ce soit et par dérogation à l'article 10 de la loi du 11. juin 1874, les primes échues et non payées ou payees par anticipation demeurent acquises à la compagnie..." Die Zulässigkeit dieser Abrede in diesem Umfange wird von Eekhout S. 123 bestritten.

nis von der Verletzung entspricht[179]. Außerdem kann der Versicherer Erstattung der ihm entstandenen Sonderkosten verlangen.

Die übrigen Länder haben hinsichtlich der Behandlung der Prämie bei gutgläubiger Verletzung der Anzeigepflicht keine ausdrücklichen Bestimmungen. Aus der Hervorhebung, daß der Versicherer trotz Nichtigkeit des Vertrages im Falle bösgläubiger Verletzung seinen Anspruch auf Prämie behält, ergibt sich, daß der Versicherer für den Fall gutgläubiger Verletzung der Anzeigepflicht keinen Anspruch auf die Prämie haben soll.

Besonderheiten in der Seeversicherung einiger Länder.

Für die Seeversicherung gilt in Columbien und Belgien eine besondere Regelung hinsichtlich des Anspruchs des Versicherers auf Prämie.

Gemäß Art. 467 Abs. 1 Ziff. 1 ColumbienHGB. hat der Versicherer das Recht, ½% des versicherten Betrages zurückzuhalten, wenn die Nichtigkeit infolge eines Umstandes eingetreten ist, der dem Versicherungsnehmer unverschuldetermaßen nicht bekannt war.

Ebenso hat der Versicherer nach Art. 177 Abs. 1 Satz 3 BelgienHGB. ½% der Versicherungssumme „als Entschädigung" zu fordern, wenn der Versicherungsnehmer gemäß Art. 10 des belgischen VVG. (gutgläubig) einen Anspruch auf Rückzahlung der Prämie hat. Würde der Betrag weniger als 1% der Versicherungssumme sein, so hat der Versicherer einen Anspruch auf die Hälfte der vereinbarten Prämie.

c) Sonderregelungen.

Für Ungarn und die Gebiete der Tschecho-Slowakei, in denen das ungarische HGB. gilt (Slovakei und Karpatho-Rußland), besteht eine abweichende Regelung.

Auch hier wird kein Unterschied zwischen verschuldeter und unverschuldeter Nicht- oder Falschanzeige gemacht. In jedem Fall hat der Versicherer das Recht, den Vertrag durch eine Klage oder Einrede anzufechten (Art. 475 UngarnHGB.).

In Art. 486 UngarnHGB. wird das Schicksal der Prämie behandelt. Hiernach hat der Versicherer im Falle der nachträglichen Vernichtung des Vertrages nach Art. 475 dem Versicherungsnehmer die Prämie zurückzuerstatten (Art. 486 Abs. 1 Satz 1 UngarnHGB.). Wenn jedoch die Zeit, für die der Vertrag geschlossen, ganz oder teilweise schon abgelaufen ist, so ist der Versicherer in Ermangelung anderweitigen Übereinkommens berechtigt, ⅔ der eingezahlten Prämie zurückzubehalten[180].

Hat der Versicherungsnehmer die Ungültigkeit oder das Erlöschen des Vertrages verschuldet, so kann der Versicherer die eingezahlte Prämie behalten oder die fällige Prämie fordern. Außerdem ist der Versicherungsnehmer dem Versicherer unter Umständen zum Schadensersatz verpflichtet.

Auch die Schweiz zählt zu den Ländern, die grundsätzlich nicht berücksichtigen, ob die Verletzung der Anzeigepflicht vom Versicherer verschuldet war oder nicht. Die Schweizerische Rechtsordnung bedarf jedoch einer besonderen Betrachtung.

Wie schon oben dargestellt, ist die Anzeigepflicht kraft Gesetzes zu einer unselbständigen Antwortpflicht gestaltet worden. Der Gesetzgeber geht davon aus, daß der Versicherer kraft seiner besseren Sachkenntnis die Möglichkeit habe, sämtliche Gefahrumstände durch entsprechende Fragen zu erfassen, sodaß der Versicherungsnehmer seiner Anzeigepflicht genügt hat, wenn er die an ihn mittels eines Fragebogens oder

---

179) Art. 54 Abs. 5 RumänienVVG.

180) Art. 486 Abs. 1 Satz 2 UngarnHGB.

in schriftlicher Form gerichteten Fragen vollständig[181]) und richtig[182]) beantwortet, sofern die Umstände, nach denen gefragt worden ist, gefahrerheblich[183]) und der Versicherungsnehmer sie überhaupt oder richtig kannte oder hätte kennen müssen[184]). Bekannt sein müssen dem Versicherungsnehmer nicht nur Umstände, deren Kenntnis er sich arglistig entzieht, sondern auch Umstände, die er infolge grober Fahrlässigkeit nicht kennt[185]). „Die grundlegende Norm des Art. 4 kennt keine „objektive", sondern nur subjektive Anzeigepflicht"[186]). Hatte der Versicherungsnehmer die geforderte Kenntnis, so kann er sich in keiner Weise entschuldigen[187]). Insbesondere ist gleichgültig, aus welchem Motiv der Versicherungsnehmer die Anzeigepflicht verletzt hat[188]). Eine allgemeine Entschuldigung des Versicherungsnehmers wegen mangelnden Verschuldens ist mithin in der Schweiz nicht zugelassen[189]).

Die Folge einer derartigen Verletzung der Anzeigepflicht ist, daß der Versicherer „nicht an den Vertrag gebunden" ist „wenn er binnen vier Wochen, nachdem er von der Verletzung der Anzeigepflicht Kenntnis erhalten hat, vom Vertrage zurücktritt[190]). Die Rücktrittserklärung, eine empfangsbedürftige Willenserklärung, muß ausdrücklich erfolgen, ist jedoch nicht an eine Form gebunden[191]). Dieses Rücktrittsrecht kann der Versicherer unabhängig davon geltend machen, ob der verschwiegene oder falsch angezeigte Umstand kausal für den Eintritt oder Umfang des Schadens war oder nicht[192]).

Grundsätzlich bewirkt der Rücktritt, daß der Vertrag als von Anfang an nichtig anzusehen ist[193]).

Der Versicherer hat kein Rücktrittsrecht, wenn der verschwiegene oder unrichtig angezeigte Umstand vor Eintritt des Versicherungsfalls weggefallen ist, wenn der Versicherer die Verletzung veranlaßt oder gekannt hat oder kennen mußte, wenn der Versicherer auf sein Rücktrittsrecht verzichtet hat und wenn der Versicherer trotz Fehlens einer Antwort den Vertrag abgeschlossen hat, es sei denn, daß die Frage im Zusammenhang mit anderen Antworten als beantwortet anzusehen ist.

Nach erfolgtem Rücktritt kann der Versicherer alle bisherigen Leistungen zurückfordern und zwar auf Grund der allgemeinen Bestimmungen über ungerechtfertigte Bereicherung[194]). Hiernach hat der Empfänger der Leistung, wenn er selbst die Anzeigepflicht verletzt hat, oder bei Empfang die Verletzung kannte oder hätte kennen müssen „vollen Ersatz" zu leisten[195]), somit auch die üblichen Zinsen[196]). War der Empfänger dagegen gutgläubig, so haftet er nur insoweit, als er noch

---

[181]) Art. 4 Abs. 1 SchweizVVG.

[182]) Art. 8 SchweizVVG.

[183]) Art. 4 Abs. 2 SchweizVVG.

[184]) Art. 6 SchweizVVG.

[185]) Ostertag, S. 27; Roelli S. 78.

[186]) Roelli, S. 98; daher bleibt die Anzeigepflicht auch verletzt, wenn die subjektiv unrichtige Aussage tatsächlich richtig ist. Roelli S. 79.

[187]) Roelli, S. 99.

[188]) Roelli, S. 99; Motive I S. 67 ff. und dort Zitierte.

[189]) Ostertag, S. 28.

[190]) Art. 6 SchweizVVG.

[191]) Roelli, S. 101.

[192]) Bundesgericht, 22 S. 807; 34. II S. 537; Roelli, S. 100.

[193]) Roelli S. 100/101; umfaßt der Vertrag mehrere Gegenstände oder Personen und ist die Anzeigepflicht nur bezüglich eines Teils dieser Gegenstände oder Personen verletzt, so bleibt die Versicherung für den übrigen Teil wirksam, wenn sich aus den Umständen ergibt, daß der Versicherer diesen Teil allein zu den nämlichen Bedingungen versichert hätte. Art. 7 SchweizVVG.

[194]) Art. 71 Schweizer Obligationenrecht. (OR.).

[195]) Art. 73 Abs. 2 OR.

[196]) Art. 83 OR.

bereichert ist oder „sich böswillig der Bereicherung entäußert hat“[197]. Einen Rückforderungsanspruch kann der Versicherer nicht auf Art. 27 VVG. gründen, denn diese Vorschrift will lediglich die Anwendung der allgemeinen Normen über Schadensersatzansprüche des OR. vorbehalten[198].

Bei Auflösung des Vertrages infolge Rücktritts behält der Versicherer seinen Anspruch auf die Prämie für die laufende Versicherungsperiode und zwar unabhängig davon, ob die Verletzung der Anzeigepflicht verschuldet war oder nicht[199]. Hat dagegen die Gefahrtragung des Versicherers noch nicht begonnen, so kann der Versicherer lediglich eine Vergütung der Geschäftsunkosten fordern[200].

Ist die Prämie für mehrere Versicherungsperioden im voraus gezahlt worden, so hat der Versicherer mindestens ¾ der auf die künftigen Versicherungsperioden entfallenden Prämienbeträge zurückzuerstatten[201]. Bei der rückkaufsfähigen Lebensversicherung ist der Rückkaufswert zu erstatten[202].

Neben dem Recht des Versicherers, die Prämie einzubehalten und das bisher Geleistete als ungerechtfertigte Bereicherung zurückzufordern, hat der Versicherer das Recht, einen Schadensersatzanspruch geltend zu machen[203]. Ob und in welchem Umfange der Schadensersatzanspruch begründet ist, richtet sich nach den allgemeinen Vorschriften des Obligationenrechts, deren Anwendung der Art. 27 SchweizVVG. vorbehält[204]. Gemäß Art. 97 Abs. 1 OR. ist die Voraussetzung für eine Schadensersatzpflicht „die Verletzung einer vertraglichen oder gesetzlichen Verpflichtung durch pflichtwidriges Verhalten einer Partei“[205]. Als eine derartige Verpflichtung wird die vorvertragliche Anzeigepflicht in der Schweiz nach der herrschenden Meinung angesehen[206].

Ausgeschlossen wird dagegen jeglicher Schadensersatzanspruch für den Fall, daß mehrere Jahresprämien im voraus entrichtet worden sind oder es sich um eine rückkaufsfähige Lebensversicherung handelt und vereinbart worden ist, daß der Versicherer bei arglistiger Täuschung die zurückzugewährenden Prämien oder Rückkaufswerte kürzen kann[207]. Dieses Recht zur Kürzung ist dem Versicherer — da die Bestimmungen über die Folgen der Anzeigepflichtverletzung zwingend sind[208] durch Art. 26 SchweizVVG. ausdrücklich zugebilligt; jedoch mit der Maßgabe, daß eine Kürzung nicht mehr als die Hälfte betragen darf. Diese Kürzungsquote ist keine reduktionsfähige Konventionalstrafe (Art. 163 OR.) sondern ein gesetzlich zugebilligter Schadensersatz, weshalb auch weitere Schadensersatzansprüche ausgeschlossen sind[209].

In Holland werden die Falsch- und Nichtanzeigen verschieden behandelt. Die Folgen der Verletzung der Anzeigepflicht sind in Holland durch den Art. 251 HGB. sowohl für das Binnen- als auch Seeversicherungsrecht geregelt. Diese Vorschrift wird als besondere Anwendung der allgemeinen Grundsätze über den Irrtum[210] für das Versicherungsrecht angesehen. Von der Irrtumslehre ausgehend, sei daher grund-

---

[197] Art. 73 Abs. 1 OR.; Roelli, S. 109.
[198] Roelli, S. 109.
[199] Art. 25 Abs. 1 SchweizVVG.
[200] Art. 25 Abs. 2 SchweizVVG.
[201] Art. 25 Abs. 3 SchweizVVG.
[202] Art. 25 Abs. 4 SchweizVVG.
[203] Art. 27 SchweizVVG. i. V. m. Art. 97 ff. OR.
[204] Vgl. Roelli, S. 326.
[205] Roelli, S. 326.
[206] Vgl. oben S. 12.
[207] Art. 25 Abs. 3 u. 4 und Art. 26 Satz 2 SchweizVVG.
[208] Roelli, S. 324.
[209] Roelli, S. 325; Art. 26 Satz 2 SchweizVVG.
[210] Nolst-Trenité, S. 150; Art. 1358 HollBGB.

säßlich nicht zu berücksichtigen, ob den Versicherungsnehmer ein Verschulden bei der Verleßung der Anzeigepflicht trifft oder nicht.

Der Grundsaß wird für die Falschanzeige streng durchgeführt, so daß es weder auf die Kenntnis des Versicherungsnehmers noch auf sein Verschulden ankommt, wie auch in der Irrtumslehre die Kenntnis und das Verschulden des Veranlassenden nicht zu berücksichtigen ist[211]).

Anders bei der Nichtanzeige. Hier tritt die Folge der Verleßung nur ein, wenn der Versicherungsnehmer ihm bekannte Umstände verschwiegen hat. Nach Nolst-Trenité[212]) eine „inkonsequentie" gegenüber der Irrtumslehre. Es ergibt sich jedoch aus dem klaren Wortlaut des Geseßes, das berücksichtigt werden muß.

Die Folge der Anzeigepflichtverleßung ist Vernichtbarkeit des Vertrages. Die Nichtigkeit des Vertrages tritt nicht von selbst ein, sondern muß vom Versicherer geltend gemacht werden[213]). Der Versicherer kann immer die Nichtigkeit des Vertrages geltend machen, selbst wenn der Versicherungsnehmer die verschwiegenen oder falsch angezeigten Umstände nachträglich anzeigt oder berichtigt oder eine höhere Prämie anbietet[214]).

Ein Kausalzusammenhang zwischen der Anzeigepflichtsverleßung und dem Eintritt oder Umfang des Schadens wird nicht gefordert[215]).

Bezüglich der Prämie bestimmt Art. 281 HollHGB., daß der Versicherer diese für die Zeit zu erstatten hat, für die er keine Gefahr getragen hat, vorausgeseßt, daß der Versicherungsnehmer „te goeder trouw" gehandelt hat[216]).

Hat der Versicherer dagegen „list, bedrog of schelmerij"[217]) angewandt, so findet keine Prämienrückgabe statt. Der Versicherer kann jedoch nicht nur die schon gezahlte Prämie behalten, sondern ist auch berechtigt, fällige Prämien zu verlangen.

Auch in Belgien und dem französischen Seeversicherungsrecht werden die Falsch- und Nichtanzeige verschieden behandelt.

Die belgische und französische Regelung können hier zusammen betrachtet werden, da die Grundlagen beider Rechte dieselben sind.

Art. 9 des belgischen VVG. und Art. 348 FrankreichHGB. sagen in fast wörtlicher Übereinstimmung, daß jedes Verschweigen, jede falsche Erklärung seitens des Versicherten, die die Ansicht des Versicherers über das Risiko verschlechtern oder den Gegenstand des Risikos verändern würden, den Vertrag nichtig machen. (Es muß hier zwischen der Nichtanzeige und Falschanzeige unterschieden werden.)

Bei der Falschanzeige ist, wie sich aus dem Geseßeswortlaut ergibt, keine Rücksicht darauf zu nehmen, ob der Versicherer vorsäßlich, fahrlässig oder auch ohne jedes Verschulden gehandelt hat. Er hat immer für die Richtigkeit seiner Erklärungen einzustehen[218]).

---

[211]) Nolst-Trenité, Zeeverzekering, S. 365.

[212]) Brandverzekering, S. 152.

[213]) Nolst-Trenité, Brandverzekering, S. 154. Derselbe, Zeeverzekering, S. 366.

[214]) Nolst-Trenité, Brandverzekering, S. 173.

[215]) Arbiters, Amsterdam, 4. 3. 1859 Weekblad van het Recht, 1859 S. 2138

[216]) Art. 281, 282 HollHGB.

[217]) Nolst-Trenité, Brandverzekering, S. 146: Der Gesetzgeber habe den Fall, daß die Prämie noch nicht gezahlt sei, vergessen, da in der Regel im voraus gezahlt zu werden pflegt, aus den Vorschriften der Art. 281, 282 HGB. ergäbe sich, daß der Versicherer auch Ansprüche auf noch nicht gezahlte Prämien haben solle.

[218]) Ripert, S. 389, Lyon-Caen et Renault VI Nr. 1447. Bordeaux vom 7. 4. 1835, J. Marseille 1835. 1. S. 164; Nantes 12. 7. 1862 J. Marseille 1863. 2. S. 40; Paris 8. 2. 1891, Revue internationale du droit maritime VI, 646; Eekhout S. 120; Tribunal de Verviers, 31. 10. 1911 Jurisprudence de la cour d'appel de Liège 1912 S. 54; Ostende, 26. 2. 1931. Révue gén. ass. et resp. S. 875; Brüssel, 30. 4. 31 Rév. gén. ass. et resp. S. 894.

Anders bei „réticence". Hier liegen viele Entscheidungen[219]) vor, die die Nichtigkeit des Vertrages nicht aussprechen, wenn die Anzeige wegen einfacher Unwissenheit des Versicherungsnehmers unterlassen wurde, und zwar, wenn er den Umstand unverschuldeterweise nicht kannte oder ihm billigerweise nicht zugemutet werden konnte, den Umstand anzugeben.

Art. 348 FrankreichHGB. und Art. 9 BelgienVVG. reden nicht von einer Nichtanzeige, sondern von einer Verschweigung (réticence). Verschwiegen werden kann jedoch nur etwas, was bekannt ist[220]). Eine derartige Behandlung der Verschweigung ist jedoch nur möglich, wenn man die Nichtigkeit des Vertrages nicht als die Folge eines mangelnden Konsenses ansieht, da sonst keinerlei Rücksicht auf mangelndes Verschulden genommen werden kann, sondern nur, wenn die Nichtigkeit als Folge der Verletzung einer besonderen dem Versicherungsnehmer obliegenden Pflicht aufgefaßt wird[221]).

Die Behandlung der Prämie ist in Belgien und Frankreich verschieden geregelt.

In Belgien unterscheidet das Gesetz zwischen gutgläubiger und bösgläubiger Verletzung der Anzeigepflicht.

Hat der Versicherungsnehmer gutgläubig gehandelt, so ist ihm die Prämie zurückzugewähren. Für die Seeversicherung gilt die Besonderheit, daß der Versicherer Anspruch auf ½% der Versicherungssumme als Entschädigung hat. Beträgt die Prämie weniger als 1% der Versicherungssumme, so kann der Versicherer die Hälfte der Prämie verlangen[222]).

Das französische Recht hat für das Gebiet der Seeversicherung keine gesetzliche Regelung der Prämienfrage. Der Versicherer hat aus der allgemeinen Erwägung, daß der Vertrag als von Anfang an nichtig anzusehen ist, die Prämie sine causa erhalten und muß sie auf Grund ungerechtfertigter Bereicherung zurückerstatten[223]). Der Versicherer ist lediglich darauf angewiesen, einen Schadensersatzanspruch, gestützt auf Art. 1382 code civil geltend zu machen. Dafür muß er jedoch die Arglist oder das Verschulden des Versicherungsnehmers beweisen und vor allem muß er den schwierigen Beweis über die Höhe des ihm entstandenen Schadens erbringen können[224]).

II. Länder, in denen das Verschulden des Versicherungsnehmers berücksichtigt wird.

In den nunmehr zu behandelnden Ländern, deren Rechtsordnungen zwischen verschuldeter und unverschuldeter Verletzung der vorvertraglichen Anzeigepflicht einen Unterschied machen, sind folgende zwei Gruppen zu unterscheiden: Diejenigen Länder, in denen die Verletzung der vorvertraglichen Anzeigepflicht grundsätzlich bewirkt, daß der Anspruch des Versicherungsnehmers aus dem Vertrage gänzlich verwirkt ist, oder aber in voller Höhe bestehen bleibt und diejenigen Länder, deren Rechtsordnungen bei unrichtiger oder mangelnder Anzeige den Versicherungsanspruch des Versicherungsnehmers nicht immer entweder ganz erlöschen oder voll fortbestehen lassen, sondern die die Möglichkeit der Anpassung der Haftung des Versicherers oder der Prämienhöhe an die tatsächlich vorliegende Gefahrslage vorsehen.

---

[219]) Marseille 16. 9. 1834, J. Marseille 1835. 1. S. 94; Marseille 4. 7. 1892, Rév. int. du droit maritime VIII S. 139; Marseille 3. 8. 1894, ebenda X, S. 456; Tribunal de Verviers, 31. 10. 1911 Jurisprudence de la cour d'appel de Liège 1912 S. 54.

[220]) Eekhout S. 120.

[221]) Ripert, S. 389 Nr. 2420.

[222]) Art. 10 BelgienVVG. Art. 11 BelgienVVG.

[223]) Ripert, S. 399, Nr. 2427.

[224]) Ripert, S. 399 Nr. 2427.

a) Länder, in denen der Versicherungsnehmer entweder die gesamten Ansprüche aus dem Vertrage verliert, oder in voller Höhe behält.

Vereinigte Staaten und Großbritannien.

Von denjenigen Ländern, in denen die verschuldete und unverschuldete Anzeigepflichtverletzung verschieden behandelt wird, sind zunächst England und die Vereinigten Staaten von Nordamerika zu betrachten, da hier mangels von Kodifikationen[225]) an Hand der Rechtsprechung klar zu erkennen ist, wie in steigendem Maße das Verschuldensmoment bei der Behandlung der Anzeigepflichtverletzung berücksichtigt wird.

Das Seeversicherungsrecht, das der Ausgangspunkt des gesamten Versicherungswesens in England und Amerika ist, stellt besonders scharfe Anforderungen an den Versicherungsnehmer. Eine ganz klare Trennung zwischen der See- und Binnenversicherung läßt sich jedoch nicht vornehmen, da in Entscheidungen binnenversicherungsrechtlicher Fragen sehr oft auf Entscheidungen aus dem Seeversicherungsrecht zurückgegriffen wird.

Im Rahmen dieser Darstellung ist zu unterscheiden zwischen der gewöhnlichen Anzeige vor Abschluß eines Vertrages und anderen Institutionen, wie das der „warranty" oder „condition precedent". Die Anzeigen vor Abschluß des Vertrages haben ihren Zweck erreicht, wenn der Vertrag abgeschlossen worden ist. Die angezeigten Umstände bilden zwar den Ausgangspunkt für den Abschluß des Vertrages, nicht jedoch einen Teil des Vertrages selbst[226]). Zwar werden vornehmlich in der Feuerversicherung Angaben, die während der Vertragsverhandlungen gemacht worden sind, in den Versicherungsschein aufgenommen. Diese Aufnahme in die Police ist jedoch höchstens zu Beweiszwecken dienlich, denn in der Binnenversicherung müssen Angaben ausdrücklich als condition precedent bezeichnet werden, um Bestandteil des Vertrages zu werden[227]).

Die Behandlung von der Nichtanzeige (Concealment oder Non disclosurs) und der Falschanzeige (Fraud and misrepresentation) ist ganz verschieden. Selbst die Ausdrücke, die für den einen Fall gebraucht werden, können nicht für den anderen angewandt werden. So bedeutet z. B. „fraud" bei der Falsch- und Nichtanzeige etwas ganz Verschiedenes. Das englische und amerikanische Recht geht hinsichtlich der Nichtanzeige von zwei verschiedenen Gesichtspunkten aus. England geht vom Begriff des Irrtums des Versicherungsnehmers über die tatsächliche Gefahrslage aus und kannte zunächst keine Berücksichtigung des mangelnden Verschuldens, während die Vereinigten Staaten zunächst nur dann die Folgen der Anzeigepflichtverletzung eintreten ließen, wenn der Versicherungsnehmer betrügerisch (fraudulent) gehandelt hatte. Die weitere Entwicklung führte jedoch zu dem Ergebnis, daß in beiden Ländern das Verschulden berücksichtigt wird.

Die amerikanische Rechtsprechung geht von einem der arglistigen Täuschung des Deutschen Rechtes ähnlichen Begriffe aus. Nur betrügerische Verschweigung stellt eine Verletzung der Anzeigepflicht dar. Jedoch liefert schon das Verscheigen von offensichtlich gefahrerheblichen Umständen einen starken Beweis für die betrügerische Absicht[228]), ja schon die bloße vorsätzliche oder auch fahrlässige Verschweigung

[225]) MIA. stellt keine neuen Rechtsgrundsätze auf. Vgl. Pauly S. 10.

[226]) Welford Acc. S. 34 und Anm. 1.

[227]) Whealton v. Hardisty (1858) 8 E & B, 232, Ex. Ch. (Leben) per Lord Cranworth, at p. 504.

[228]) Penn Mutual Life Ins. Co. v. Mechanics Savings Bank & Trust Co. 72 Fed. 413 (1896): „palpably material to the risk the mere non-disclosure is itself strong evidence of a fraudulent intent". Vgl. auch Clark v. Manufacturers Ins. Co. (Bundesgericht) 8 How. S. 255 (1850).

eines bekannten gefahrerheblichen Umstandes genüge[229]. Es ist nicht notwendig, daß actual fraud, also die tatsächliche Absicht, zu betrügen, vorliegt, es genügt vielmehr das Vorliegen der sogenannten „legal fraud", d. h. der Vermutung der Betrugsabsicht, um die Folgen der Verletzung der Anzeigepflicht herbeizuführen. Diese Vermutung liegt nun immer vor, wenn der Versicherungsnehmer schuldhaft einen Umstand nicht angezeigt hat. Die Folgen der Verletzung treten somit immer ein, wenn der Versicherungsnehmer schuldhaft gehandelt hat, jedoch nicht, wenn ihm kein Verschulden zur Last gelegt werden kann[230].

Die englische Betrachtungsweise der Verletzung der Anzeigepflicht geht von dem Grundgedanken aus, daß sich der Versicherer bei einer Nichtanzeige über die tatsächliche Gefahrslage geirrt hat[231]. Bei der Abschätzung des Risikos habe der Versicherungsnehmer mitzuwirken und der Versicherer muß sich auf die Vollständigkeit der Angaben als eine Art Bedingung des Vertrages verlassen können. Daher wurde auch nicht berücksichtigt, ob der Versicherungsnehmer schuldhaft gehandelt hatte oder nicht[232].

Aus der großen Zahl der Entscheidungen läßt sich folgende Linie aufzeigen: Der Versicherungsnehmer hat alle gefahrerheblichen Umstände anzuzeigen, die ihm bekannt sind, oder die er kennen mußte[233].

Im übrigen kommt es bei der Beurteilung der Nichtanzeige nicht darauf an, ob die Unterlassung auf Vorsatz[234], Fahrlässigkeit[235] (carelessness, inadvertence, indifference) beruhe, ja selbst nicht einmal darauf, ob der Versicherungsnehmer im Irrtum war über die Erheblichkeit des Umstandes[236]. Das bedeutet jedoch noch nicht, daß das Verschulden vollständig unberücksichtigt bleibt, denn der Versicherungsnehmer hat nur anzuzeigen „what a reasonable man would have disclosed"[237]. Das Verschulden ist demnach nach objektiven Gesichtspunkten zu beurteilen. Einheitliche Grundsätze lassen sich allerdings nicht aufstellen, so wird z. B. einmal entschieden, daß sich der Versicherungsnehmer niemals damit entschuldigen könne, daß er den nicht angezeigten Umstand nicht für gefahrerheblich halte[238], während in anderen, sogar älteren Entscheidungen hervorgehoben wird, daß die Folgen der Anzeigepflicht-

---

[229]) Vgl. Hall, S. 61 in Handelsgesetze des Erdb. Bd. I.

[230]) Vgl. Corpus Iuris etc. Bd. 26 S. 156/7; Colorado-Connecticut F. Ins. Co. v. Color. Leasing etc. Co. 50 Colo 424, 116 P. 154 Ann. Cas. 1912 C. p. 597; New York-Browning v. Home Ins. Co. 71 N.Y. 508, 27 Ann. 86; Kernochan v. New York Bovery F. Ins. Co. 17 N.Y. 428.

[231]) The ground, in short, on which the policy is avoided is that the party has been, in fact, deceived, not that the other party has intended to deceive him. Arnould S. 757.

[232]) Bates v. Hewitt (1887) L.R. 2 Q.B. 595 (See per Mellor at p. 608, 609: „The duty of disclosure is absolute, to be discharged by the assured at his peril". Vgl. Welford, Acc. S. 30.

[233]) Blackburn v. Vigors (1887) 12 A.C. 531 (See) per Lord Halsbury at p. 537 u. a. Entscheidungen aus dem Seeversicherungsrecht. Vgl. Welford Acc. S. 31.

[234]) Rivaz v. Gerussi (1880) 6 Q.B.D. 222 C.A. (See). A.A. Hambrough v. Mutual Life Ins. Co. of New York (1895) 72 L.T. 140 C.A. (Leben) per Lopes at p. 141, wonach zum Vorsatz noch fraud kommen muß bei bloßem Stillschweigen.

[235]) McMillan v. Accident Ins. Co. (1907) S.C. 484 per Lord Stormonth-Darling at p. 493; Cantiere Meccanino Brindisino v. Janson (1912) 3 K.B., 452 C.A. (See) per Moulton at p. 469.

[236]) Dalglish v. Jarvie (1850) 2 Mac & G. 231 per Rolfe at p. 243: „if he conceals anything he knows to be material it is a fraud, but besides that, if he conceals anything that may influence the rate of premium which the underwriter may require, although he does not know it would have that effect, such concealment entirely vitiates the policy".

[237]) Welford, Acc. S. 31.

[238]) Glicksman v. Lancashire and General Ass. Co. (1927) A.C. 139 per Lord Dunedin at p. 143.

verletzung nicht eintreten, wenn der Versicherungsnehmer die Erheblichkeit des Umstandes nicht kannte und billigerweise von ihm nicht verlangt werden konnte, sie zu kennen[239]).

Immerhin besteht die Tendenz, das Verschuldensmoment weitgehend zu berücksichtigen[240]), insbesondere wird dem Versicherungsnehmer daurch geholfen, daß gefragt wird, ob er den Umstand überhaupt kennen konnte[241]); ferner ob nicht schon der Versicherer durch die Art der Fragebeantwortung oder die unvollständige Anzeige den Mangel hätte erkennen müssen[242]).

Das Seeversicherungsrecht des anglo-amerikanischen Rechtskreises[243]) hat die oben beschriebene Entwicklung nicht mitgemacht. Die Folgen der Anzeigepflichtverletzung treten hier immer ein, wenn ein gefahrerheblicher Umstand, der dem Versicherer bekannt war oder bekannt sein mußte, nicht angezeigt worden ist[244]). Liegen diese Voraussetzungen vor, so wird keine Rücksicht darauf genommen, ob die Unterlassung der Anzeige verschuldet war oder nicht[245]), insbesondere nicht, ob der Versicherungsnehmer die Erheblichkeit des Umstandes kannte oder nicht[246]).

Die Falschanzeige kann für Großbritannien und die Vereinigten Staaten zusammen behandelt werden, und zwar zunächst das See- und Binnenversicherungsrecht gemeinsam.

Es ist zwischen „statements of fact" und „statements of expectation or belief" zu unterscheiden. Diese in der MIA. gemachte Unterscheidung ist auch vom gesamten Binnenversicherungsrecht übernommen worden[247]).

Ist die Angabe als eine representation as to a matter of expectation or belief gemacht worden, so liegt keine Falschanzeige vor, wenn sich herausstellt, daß die Angaben zwar den Tatsachen nicht entsprechen,

[239]) Joel v. Law Union and Crown Ins. Co. (1908) 2 K.B. 863 C.A. (Leben) per Moulton at p. 884. Life Association of Scotland v. Forster (1873) 11 Macph. (Ct. of Sess.) 351 (Leben).

[240]) Vgl. Welford, Fire S. 129; Welford, Acc. S. 31 ff.

[241]) Whitwell v. Autocar Fire and Acc. Ins. Co. (1927) 27 L.R. 418.

[242]) Seaton v. Burnand (1900) A.C. 135, per Lord Shand L.J. at p. 147.

[243]) Maßgeblich ist das MIA., das eine Kodifikation des schon geltenden Rechtes darstellt. Das Recht der Vereinigten Staaten hat sich weitgehend den durch die englische Rechtsprechung herausgebildeten Grundsätzen angepaßt.

[244]) Vgl. s. 18 (1) MIA.: „.... the assured must disclose to the insurer before the contract is concluded, every material circumstance which is known to the assured. and the assured is deemed to know every circumstance which. in the ordinary course of business. ought to be known by him." Arnould S. 757: „Whether such suppression of the truth arises from fraud, (that is from a wilful intention to deceive for the party's own benefit), or merely from mistake. negligence or accident. the c o n s e q u e n c e s w i l l b e t h e s a m e" (Carter v. Boehm (1766) 3 Burr. 1909; Ratcliffe v. Shoolbred (1780) 1 Park, Ins. 413; 1 Marshall, Ins. 464; Chirley v. Wilkinson (1786), 1 Dougl. 306 n.; Thomson v. Buchanan (1782), 4 Br. P.C. 482 per Willes; Anderson v. Pacific Fire & Mar. Ins. Co. (1872) L.R. 7 C.P. 65, 68.

Nor is any exuse that the assured, knowing the fact, failed to reognize its materiality. and for this reason refrained from disclosing it (Hewitt Brothers v. Wilson (1914 3 K.B. 1131; (1915) 2 K.B. 739; Brownlie v. Campbell (1880) 5 App. Cas. at p. 954. per Lord Blackburn; Joel v. Law Union etc. Ins. Co. (1908) 2 K.B. at p. 884 per Fletcher Moulton).

[245]) Ratecliffe v. Shoolbred (1780). 1 Park, Ins. p. 413; Anderson v. Pacific Fire & Mar. Ins. Co. (1872) L.R. 7 C.P. 65/68.

[246]) Hewitt Brothers v. Wilson (1914) K.B. 1131; (1915) 2 K.B. at p. 884 per Fletcher Moulton; Arnould S. 757 Anm. d ist jedoch der Ansicht, daß diese Entscheidungen zu streng seien.

[247]) MIA. s. 20 (3): „a representation may be either a representation as to a matter of fact, or as to a matter of expectation or belief". Vgl. Welford, Fire S. 140.

aber der Versicherungsnehmer an die Richtigkeit der Angaben geglaubt hat[248]). Denn er hat durch eine derartige Anzeige nicht behaupten wollen, daß die Sachlage tatsächlich so sei wie angegeben, sondern nur, daß er glaubte, sie sei so. Dem Versicherungsnehmer müßte nachgewiesen werden, daß er niemals an die Richtigkeit seiner Angaben gelaubt hat[249]). Ferner liegt keine Falschanzeige vor, wenn der Versicherungsnehmer eine Absicht anzeigt, diese jedoch später nicht ausführt[250]). Es sei denn, daß er niemals eine derartige Absicht gehabt hat[251]).

Hingegen muß bei einer representation as to a matter of fact der angezeigte Umstand mit den tatsächlich vorhandenen Umständen im Wesentlichen übereinstimmen. Unerhebliche Abweichungen schaden nicht[252]).

Bis hierher ist die Behandlung der Falschanzeige in der Seeversicherung und Binnenversicherung dieselbe. Unterschiedlich ist jedoch die Behandlung der Verschuldensfrage.

Im Seeversicherungsrecht wird keine Rücksicht darauf genommen, ob der Versicherungsnehmer die Falschanzeige schuldhaft erstattet hat oder nicht. Das ergibt sich aus der Begründung der Nichtigkeit des Vertrages im Falle der Falschanzeige. Früher wurde als Grund für die Nichtigkeit des Vertrages wegen Falschanzeige der Vorsatz des Versicherers, zu betrügen, angenommen[253]).

Später wurde, auch wenn keine Täuschungsabsicht vorhanden war, der Vertrag für nichtig erklärt auf Grund der sogenannten constructive oder legal fraud: obwohl sich der Versicherungsnehmer nicht so verhalten hat, daß ihm eine arglistige Täuschung vorgeworfen werden kann, wird er so behandelt, als ob er fraudulent gehandelt habe, da er den Erfolg, die Irreführung des Versicherers, herbeigeführt hat[254]).

Diese Begründung wurde von Judge Duer, dem sich auch Arnould[255]) anschloß, abgelehnt. Er meinte, daß eine positive Angabe über einen gefahrerheblichen Umstand einen wesentlichen Teil des Vertrages ausmache, obwohl die Angabe nicht im Versicherungsschein aufgenommen zu sein brauche.

Nach der herrschenden Meinung, Philipps folgend, ist der Grund der Nichtigkeit eines Vertrages, daß die Richtigkeit der Anzeigen eine Bedingung des Vertrages sei, die bei Abschluß vereinbart worden sei[256]).

Im Binnenversicherungsrecht wird die schuldlose Falschanzeige besonders behandelt. Eine innocent misrepresentation liegt vor, wenn der Versicherungsnehmer zu allen Zeiten geglaubt hat, daß die von ihm erstatteten Anzeigen richtig seien[257]). Es wird somit auf den guten

[248]) MIA. s. 20 (5): „a representation as to a matter of expectation or belief is true if it be made in good faith". Vgl. Gow. S. 278.

[249]) Derry v. Peek (1889) 14. A. C. 337 per Lord Hershell, at p. 368, Evans v. Edmonds (1853), 13 C.B. 777 erklärend.

[250]) Grant v. Aetna Ins. Co. (1862) 15 Moore C.P. 516, wo die Absicht in der Police aufgenommen war; Benham v. United Guarantee und Life Ass. Co. (1852) 7 Ex. 774.

[251]) Dodge v. Western Canada Fire Ins. Co. (1912) W.L.R. 558.

[252]) MIA. s. 20 (4): „A representation as to a matter of fact is true, if it be substantially correct, that is to say, if the difference between what is represented and what is actually correct would not be considered material by a prudent insurer".

[253]) „actual fraud and wilful intention to deceive the underwriter" Lord Mansfield in Pawson v. Watson (1778) 2 Cowp. 785 und Bize v. Fletcher (1779), 1 Dougl. 12 n; Lord Tenderton in Flinn v. Tobin (1829) Moody & Malk 367.

[254]) Lord Abinger in Cornfoot v. Fowke (1840) 6 M. & W. 378; Baron Parke in Elkin v. Jansen (1845) 13 M. & W. 658.

[255]) Arnould, 2. Ausg. S. 549.

[256]) Arnould, S. 716.

[257]) Welford, Acc. S. 37.

Glauben des Versicherungsnehmers abgestellt. Hatte der Versicherungsnehmer gutgläubig gehandelt, so treten keine Folgen der Verletzung ein, der Vertrag bleibt mithin bestehen[258]).

Eine innocent misrepresentation kann auch fahrlässig vorgenommen werden, denn es wird lediglich auf den guten Glauben und nicht auf das Verschulden abgestellt. Eine fahrlässige Handlung kann aber sehr wohl gutgläubig vorgenommen werden. Der Satz, daß bei der innocent misrepresentation keine Folgen bei Verletzung der Anzeigepflicht eintreten, gilt jedoch nicht für den Fall, daß der Versicherungsnehmer zwar gutgläubig war, er aber infolge grober Fahrlässigkeit den Umstand unrichtig angezeigt hatte[259]).

Die Folge der Anzeigepflichtverletzung ist Vernichtbarkeit des Vertrages. „The contract may be avoided[260]), is avoidable" oder „void"[261]). Diese verschiedenen Ausdrücke meinen alle dasselbe, und zwar kann der Vertrag nach Wahl des Versicherers vernichtet werden durch Erfüllungsverweigerung oder aufrecht erhalten bleiben. Der Vertrag ist dann als von Anfang an nichtig zu behandeln[262]). Vor allem ist der Vertrag nie, wie es wegen der ungenauen Ausdrucksweise in vielen Entscheidungen und in der Literatur scheinen möchte, von sich aus schon durch die bloße Verletzung nichtig (void), sondern die Nichtigkeit muß in allen Fällen erklärt werden[263]).

Der Versicherer hat sich „ohne ungebührliche Verspätung" zu entscheiden, ob er den Vertrag als nichtig behandeln will oder nicht[264]).

Wird die Verletzung der vorvertraglichen Anzeigepflicht nach Eintritt des Versicherungsfalls geltend gemacht, so ist nicht erforderlich, daß der verschwiegene oder falsch angezeigte Umstand einen Einfluß auf den Eintritt des Versicherungsfalls gehabt hat[265]).

Die Frage, ob der Versicherer bei Nichtigkeit des Vertrages einen Anspruch auf die gezahlte oder fällige Prämie hat, wird je nachdem, ob der Versicherungsnehmer schuldhaft gehandelt hat oder nicht, verschieden behandelt. Trifft den Versicherungsnehmer ein Verschulden, so hat er keinen Anspruch auf die Prämie[266]). „Where there is fraud, there is no return of premium"[267]).

Ist dagegen der Vertrag nichtig, obwohl den Versicherungsnehmer

---

[258]) Anderson v. Fitzgerald (1853) 4 H.L.Cas. 484 (Leben) per Lord Crannworth at p. 504; Wheelton v. Hardisty (1888) 8 E. & B., 232, Ex.Ch. (Leben) per Willes at p. 299; Thomson v. Weems (1884), 9 A.C. 671 (Leben) per Lord Blackburn, at p. 684.

[259]) Mulvey v. Gore District Mutual Fire Ass. Co. (1866) 25 v. C.Q.B. 424, wo das Gebäude, das versichert werden sollte, unrichtigerweise als mit einem gemauerten Schornstein versehen, angegeben wurde.

[260]) MIA. s. 17, s. 20 (1).

[261]) Welford Fire S. 141; Welford Acc. S. 30.

[262]) Morrison v. Universal Marine Ins. Co. (1872—1873), L.R. 8 Ex. 40, 197.

[263]) Arnould S. 705: „Contract not void, but voidable by innocent party".

[264]) Arnould S. 706 ff. Morrison v. Universal Marine Ins. Co. (1872) L.R. 8 Ex. per Blackburn S. 40, 47 „He must make his election, not, indeed, with hot speed, but in a reasonable time".

[265]) Feise v. Parkinson (1812) 4 Taunt. 640 (See) per Gibbs, at p. 641; Anderson v. Thornton (1853), 8 Ex. 425 (See) per Parke, at p. 427; British Equitable Ins. Co. v. Musgrave (1887), 3 T.L.R. 630.

[266]) Welford, Fire S. 198; Welford, Acc. S. 127.

[267]) Anderson v. Thornton 1853 8 Ex. 425 (See) per Parke, at p. 427, 428: „In cases of insurance, material misstatement or concealment vitiates the contract, and whether it be fraudulently made or not is a matter which is wholly immaterial, except with reference to the return of the premium... With respect to the return of the premium, there es no doubt that the plaintiff would be entitled to recover it as there was no fraud in the representation." Vgl. Taukes v Manchester etc. Life Ass. Association (1863) 3 B. & S. 917 (Leben). Ebenso Hemlings v. Sceptre Life Association (1905) 1 Ch. 365; Mulvey v. Gore District Mutual Fire Ass. Co. (1866) 25. U.C.Q.B. 424.

kein Verschulden trifft (innocent), so hat der Versicherer die empfangene Prämie zurückzugewähren[268]).

Im angloamerikanischen Recht können die Anzeigen, die vor Abschluß der Vertrages gemacht werden, zu sogenannten „warranties"[269]) (Seeversicherung) oder „conditions precedent" (Binnenversicherung) erhoben werden.

Nach der Begriffsbestimmung des MIA. s. 33 ist die warranty ein Versprechen, daß „particular things shall be done or not done, or that some condition shall be fulfilled, or whereby he (Versicherungsnehmer) affirms or negatives the existence of a particuler state of facts". Die warranty oder condition precedent bezieht sich mithin nicht lediglich auf die vorvertraglichen Anzeigen.

Zur Erklärung dieses Begriffes ist auf den Inhalt eines Versicherungsvertrages im allgemeinen zurückzugehen. Der Vertrag[270]) kann folgendes enthalten:

1. conditions precedent = warranties oder conditions subsequent, das sind Bedingungen, von deren Erfüllung die Wirksamkeit des Vertrages oder die Leistungspflicht des Versicherers abhängt.

2. Sonstige Vereinbarungen, die keine conditions precedent oder subsequent sind. Ihre Nichterfüllung berühren weder die Gültigkeit des Vertrages, noch die Verpflichtung des Versicherers zur Leistung. Aber der Versicherer kann ihm entstandene Schäden durch eine cross action ersetzt verlangen.

3. Die Anzeigen. Die Richtigkeit dieser Anzeigen kann zu einer condition precedent oder warranty des Vertrages gemacht werden.

Die conditions wiederum (sowohl precedent als auch subsequent) sind zu teilen in implied conditions und express conditions bezw. warranties[271]).

Implied conditions sind die ganz allgemeinen Grundlagen für die Gültigkeit eines Versicherungsvertrages, wie z. B. das Vorhandensein eines versicherbaren Interesses und brauchen nicht ausdrücklich vereinbart worden zu sein. Hierzu gehört jedoch nicht die Richtigkeit und Vollständigkeit der vorvertraglichen Anzeigen[272]).

Die Richtigkeit der Anzeigen kann nur durch ausdrückliche Vereinbarung zu einer condition gemacht werden (express cond.).

Ferner sind die conditions „according to the time when they come into operation" folgendermaßen einzuteilen:

1. conditions precedent of the policy. Das sind Bedingungen, die wesentlich für die Gültigkeit des Vertrages sind, und zwar als implied condition oder kraft Parteivereinbarung.

2. conditions subsequent. Diese conditions beziehen sich auf Umstände, die nach Abschluß des Vertrages eintreten. Bei ihrer Verletzung

---

[268]) Welford, Fire S. 194.

[269]) „It should be observed that the word ‚warranty' has in marine insurance a sense quite different from what it has in the general English law of contract, in which it is used to denote an independent subsidiary contract, breach of which does not entitle the offended party to avoid or rescind the contract, but only to take action for breach or for set-off." In Hibbert v. Pigeon (1873) Marshall p. 325 Lord Mansfield said „The warranty in a contract of insurance is a condition or a contingency and unless that be performed there is no contract."

[270]) In der Literatur wird meist gesagt, daß der Versicherungs s c h e i n den hier angegbenen Inhalt haben kann, (Welford, Acc. S. 93), gemeint ist aber der Vertrag, der allerdings in der Regel beurkundet wird, aber nicht werden muß. Anders in der Seeversicherung. Dort ist Ausstellung eines Scheins in der Regel notwendig. MIA. s. 22; Welford, Acc. S. 23.

[271]) Welford, Acc. S. 94. MIA. s. 33 (2).

[272]) Welford, Acc. S. 94: „It is not an implied condition of the policy that all representations made by the assured during the negotiations shall be true."

ist der Vertrag nicht ex tunc nichtig, sondern vom Zeitpunkt der Verletzung an. So z. B. die Verletzung der Gefahrstandspflicht[273].

3. Die conditions precedent to the liability of the insurer: diese conditions beziehen sich auf Pflichten nach Eintritt des Versicherungsfalls, z. B. die Mitwirkungspflicht des Versicherungsnehmers bei Feststellung der Gründe und Höhe des Schadens[274].

Die vorvertragliche Anzeigepflicht kann zu einer condition precedent (warranty) in der See- und Binnenversicherung auf verschiedene Weise gemacht werden.

Im Binnenversicherungsrecht ist die Entscheidung der Frage, ob eine Parteivereinbarung als eine condition precedent anzusehen ist oder nicht, von dem Willen der Parteien abhängig, wobei die sprachliche Form der in Frage stehenden Abrede ausschlaggebend ist[275]. Im allgemeinen wird ausdrücklich vereinbart[276], daß die Anzeigen conditions precedent sein sollen. Es genügt aber auch, wenn sie als warranties bezeichnet werden oder wenn die Anzeigen in der Polize als Grundlage oder wesentliches Erfordernis des Vertrages erklärt werden[277], oder wenn an die Verletzung der vorvertraglichen Anzeigepflicht ausdrücklich die Nichtigkeitsfolge geknüpft wird[278]. Die Tatsache allein, daß eine Vereinbarung über die Anzeigepflicht auf der Police steht, genügt nicht, um sie zu einer condition precedent zu machen[279].

Anders ist die Regelung in der Seeversicherung. Die express warranty — das Gegenstück zur condition precedent der Binnenversicherung — entsteht allein durch Aufnahme der angezeigten Umstände in die Polize, und zwar muß die warranty auf den Schein oder auf einen Nachtrag hierzu geschrieben oder gedruckt sein[280]. Eine Angabe wird z. B. nicht dadurch zu einer warranty, daß sie in einem Begleitschreiben enthalten ist, in das der Versicherungsschein eingeschlagen wurde, nicht einmal ein angehefteter Zettel mit den Anzeigen ist genügend[281].

Nicht notwendig ist der Gebrauch des Wortes „warranty'. So kann oft schon ein einzelnes Wort in der Polize als warranty angesehen werden, so ist z. B. die Bezeichnung „amerikanisches Schiff" als warranty angesehen worden[282].

Ist die Richtigkeit oder Vollständigkeit der Anzeigen zu einer warranty oder condition precedent gemacht worden, so ist bei jeder

---

[273]) That the assured shall not alter the risk as defined in the policy (Welford Acc. S. 97).

[274]) London, Guarantie Co. v. Fearnly (1880) 5 A.C. 911 per Lord Blackburn, at p. 915.

[275]) Welford, Fire S. 115.

[276]) z. B. This policy is granted upon the express condition which is to be deemed to be a condition precedent ... that the proposal and declaration upon which this policy is based are true in all respects, and that this policy or renewal thereof has been obtained through any misrepresentation or concealment ... this insurance shall become null and void, and moneys paid ... shall be forfeited (Form of Personal accident policy, Art. 4 in Welford Acc. S. 597). Vgl. Forms of Driving Acc. Policy etc. Art. 8.

[277]) „Where the policy declares that its fulfilment shall be the basis or the essence of the contract". Welford, Fire S. 115.

[278]) „Any misstatement misdescription or omission of any material fact in the proposal from furnished by the insured shall render this policy void". (Form of Public-Liability Policy. Art. 9 in Welford, Acc. S. 603.)

[279]) Welford Acc. S. 177.

[280]) An express warranty must be included in, or written upon, the policy, or must be contained in some document incorporated by reference into the policy. MIA. s. 35 (2).

[281]) Pawson v. Barnevelt, (1779) Park p. 479; Bize v. Fletcher (1779) in Gow S. 265.

[282]) Baring v. Claggett, 1802, 3 B. & P. 201 bei Gow S. 266.

noch so geringen Abweichung der Anzeige von der objektiven Wahrheit der Vertrag nichtig. Hierbei ist in keiner Weise zu berücksichtigen, ob der nicht oder falsch angezeigte Umstand gefahrerheblich war oder nicht[283]. Ganz besonders streng ist die Regelung in der Seeversicherung: „what it avers must be literally true; what it promises must be literally performed"[284].

Ferner ist grundsätzlich unbeachtlich, aus welchem Grunde die warrenty verletzt worden ist, ob den Versicherungsnehmer ein Verschulden trifft oder ob er gutgläubig war oder nicht, ist unbeachtlich[285]. Hervorzuheben ist jedoch, daß der Versicherer auch nicht mehr verlangen kann, als er durch warranty oder condition precedent dem Versicherungsnehmer auferlegt hat, denn es liegt in seiner Hand, diese Bedingungen genauer abzufassen[286]. Somit kann sich der Versicherer, der die richtige und vollständige Beantwortung eines Fragebogens zur condition precedent oder warranty gemacht hat, nicht auf die Verschweigung eines Umstandes berufen, nach dem er nicht gefragt hat, mag er auch noch so erheblich sein. Der Vertrag wird bei der Nichterfüllung einer condition precedent oder warranty ex tunc nichtig[287] und zwar auch dann, wenn die Verletzung ohne jeden Einfluß auf den Eintritt und Umfang des Schadens war[288].

Der Versicherer kann jedoch auf die richtige Erfüllung verzichten und somit die Wirksamkeit des Versicherungsvertrages aufrecht erhalten[289]. Nach Welford[290] soll der Vertrag nicht schon durch die Verletzung selbst nichtig sein, sondern der Versicherer müsse die Nichtigkeit aussprechen[291]. Der Verzicht kann ausdrücklich geschehen, aber auch durch konkludente Handlung vorgenommen werden[292].

China und Japan.

In China und Japan wird unterschieden zwischen arglistiger, vorsätzlicher und grobfahrlässiger Verletzung der Anzeigepflicht einerseits und leicht fahrlässiger und unverschuldeter Verletzung der Anzeigepflicht andererseits.

Ist die Anzeigepflicht vorsätzlich, arglistig oder grobfahrlässig verletzt worden, so ist der Vertrag nach japanischem Recht nichtig[293]; nach chinesischem Recht kann der Versicherer den Vertrag „aufheben"[294] und zwar innerhalb eines Monats ab Kenntnis von der Verletzung der Anzeigepflicht spätestens jedoch 2 Jahre nach Abschluß des Vertrages[295].

Bei nur leichter und unverschuldeter Verletzung der Anzeigepflicht bleibt der Vertrag bestehen.

---

283) Welford Acc. S. 98, Arnould S. 832: „It is clear and first principle of insurance law, that when a thing is warranted to be of a particular nature or description, it must be exactly what it is stated to be. It is no matter whether material or not". Lord Eldon in Newcastle. Fire Ins. Co. v. Macmorran (1815) 3 Dow, 255.

284) Arnould S. 832.

285) Arnould S. 834: „General rule is that nothing excuses non-compliance".

286) Welford, Fire, S. 119.

287) Arnould, S. 832; Welford, Acc. S. 96.

288) Arnould, S. 833; Welford, Fire S. 120 und Welford. Acc. S. 96.

289) The insurers may elect to waive the breach and affirm the policy. Welford, Fire S. 121.

290) The breach does not ipso facto avoid the policy, but only renders it voidable by the insurers, the insurers may elect to waive the breach Welford Acc. S. 102.

291) A.A. Lord Blackburn in Thomson v. Weems p. 683: „The word void in this connection appears to mean more than voidable". Vgl. Welford Acc. S. 102.

292) Welford, Acc. 102; Welford, Fire S. 121. „Waiver by conduct".

293) Art. 398 JapanHGB.

294) Art. 16 Abs. 2 ChinaVVG. „résilier le contract".

295) Art. 16 Abs. 3 ChinaVVG.

Nach Art. 16 Abs. 4 ChinaVVG. ist der Versicherer niemals verpflichtet, Prämien zurückzugewähren.

Im japanischen Recht ist die Prämienfrage nicht besonders geregelt. Es wird jedoch in der Regel vereinbart, daß der Versicherer die Prämie nur für die Zeit behalten kann, für die er die Gefahr getragen hat.

So bestimmt z. B. § 22 der Allgemeinen Bedingungen für Schiffskaskoversicherung, daß der Versicherer im Falle der Nichtigkeit des Vertrages nur Anspruch auf die bis zu einem Tage nach Kenntnis des Versicherers von der Nichtigkeit, tageweise berechnete Prämie hat. Darüber hinaus gezahlte Beträge hat der Versicherer zurückzuerstatten.

Deutschland.

Im Deutschen Recht wird zwischen arglistiger, verschuldeter und unverschuldeter Verletzung der vorvertraglichen Anzeigepflicht unterschieden.

1. Ist der Versicherer arglistig getäuscht worden, so kann er den Vertrag anfechten und zwar bei einer Täuschung über Gefahrumstände gemäß § 22 VVG. Daneben bei arglistiger Täuschung über andere als Gefahrumstände nach der allgemeinen Vorschrift des § 122 BGB.[296]).

Der Anzeigepflichtige muß sich einer arglistigen Täuschung des Versicherers über Gefahrumstände schuldig gemacht haben[297]). Arglistige Täuschung durch einen von mehreren Versicherungsnehmern genügt[298]). Bei Täuschung durch einen Dritten (weder durch den Versicherungsnehmer noch den Versicherten) kann der Versicherer gemäß § 123 Abs. 2 Satz 1 BGB. nur anfechten, wenn der Versicherungsnehmer die Täuschung kannte oder kennen mußte[299]).

Die arglistige Täuschung muß für den Versicherer Veranlassung gewesen sein, den Vertrag abzuschließen. Der verschwiegene oder falsch angezeigte Umstand muß so geartet sein, daß der Versicherer den Vertrag bei Kenntnis des wahren Sachverhalts nicht oder nicht zu diesen Bedingungen abgeschlossen hätte[300]).

Der Versicherer hat zu beweisen, daß eine arglistige Täuschung vorlag und daß er den Vertrag nicht oder nicht so abgeschlossen hätte[301]).

Die Anfechtung, eine rechtsgestaltende, empfangsbedürftige, formfreie Willenserklärung muß innerhalb eines Jahres seit der Kenntnis des Versicherers, von der arglistigen Täuschung gerechnet, erfolgen[302]); spätestens jedoch 30 Jahre nach der Täuschung (§ 124 BGB.).

Der Versicherer muß deutlich zum Ausdruck bringen, daß er die Rechtsgültigkeit des Vertrages anfechte. Die bloße Leistungsverweigerung[303]) oder Verfallserklärung der Prämie unter Ablehnung der Leistungspflicht genügen nicht[304]).

Der Versicherungsvertrag wird mit Zugang der Anfechtungserklärung von Anfang an nichtig. Die Parteien müssen so gestellt werden, als ob sie den Vertrag niemals abgeschlossen hätten, insbesondere kann

---

[296]) Bruck, Komm. S. 98; KG. 21. 5. 30; JR. 1930 S. 351.

[297]) Vgl. Bruck, Komm. S. 98.

[298]) RG. 62 S. 184; KG. v. 11. 2. 31; JR. 1931 S. 148.

[299]) Vgl. über Täuschung durch Dritte insbesondere durch Agenten, Bruck, Komm. S. 98 u. 181.

[300]) RG. v. 4. 10. 18 VA. 1919 S. 12 Nr. 1071. = LZ. 1919 S. 196; OLG. Stettin, 24. 9. 28 VA. 1930 S. 17 Nr. 1931; Bruck, Komm. S. 98.

[301]) RG. 4. 10. 18 VA. 1919 Anhang S. 12 Nr. 1071 = LZ. 1919. S. 196.

[302]) § 130 BGB.

[303]) OLG. Dresden, vom 4. 6. 30; Praxis des Versicherungsrechts 1930 S. 67; Bruck, Komm. 99.

[304]) KG. v. 4. 12. 29; JR. 1930 S. 70; Bruck, Komm. 99.

der Versicherer schon gezahlte Entschädigungsgelder nach den Vorschriften der ungerechtfertigten Bereicherung[305]) zurückfordern[306]).

Zugunsten der Hypothekengläubiger und der ihnen nach § 106 VVG. gleichgestellten Gläubiger hingegen bleibt gemäß § 101 Abs. 1 Satz 1 VVG. der Versicherer zur Leistung weiterhin verpflichtet, und zwar ohne Unterschied, ob die Hypothek angemeldet war oder nicht[307]).

Bezieht sich eine einheitliche Versicherung auf mehrere Personen oder Sachen, so ist der gesamte Vertrag bei arglistiger Täuschung hinsichtlich auch nur eines Teiles nichtig. Es sei denn, daß der Versicherungsnehmer nachweist, daß der Vertrag auch unter Ausschluß des durch arglistige Täuschung betroffenen Teils vom Versicherer abgeschlossen worden wäre. (§ 139 BGB.)[308]).

2. Ist die vorvertragliche Anzeigepflicht vorsätzlich oder fahrlässig (schuldhaft) verletzt, ohne daß der Versicherungsnehmer arglistig gehandelt hat, so finden die Vorschriften der §§ 16—21 VVG. Anwendung. Ein Anfechtungsrecht wegen Irrtums über wesentliche Gefahrumstände nach dem allgemeinen bürgerlichen Recht ist daneben ausgeschlossen[309]). Dasselbe gilt für den Fall der unverschuldeten Verletzung der vorvertraglichen Anzeigepflicht. „Die versicherungsrechtlichen Sondernormen drängen die allgemeinen bürgerlich-rechtlichen Bestimmungen zurück"[310]). Das ergibt sich schon e contrario aus § 22 VVG.

Im Falle schuldhafter Falsch- oder Nichtanzeige kann der Versicherer vom Vertrage zurücktreten. Der Nichtanzeige werden die Fälle gleichgestellt, in denen die Anzeige unterblieben ist, weil sich der Versicherungsnehmer der Kenntnis des Umstandes arglistig entzogen hat[311]). Hat ein Fragebogen vorgelegen und ist ein Umstand verschwiegen worden, nach dem nicht gefragt worden ist, so kann der Versicherer nur bei arglistigem Verhalten des Versicherungsnehmers zurücktreten[312]).

Die Rücktrittserklärung, eine formlose empfangsbedürftige, rechtsgestaltende Willenserklärung[313]) braucht keinen bestimmten Inhalt zu haben. Es muß jedoch erkennbar sein, daß der Versicherer infolge Verletzung der Anzeigepflicht die Leistung verweigert[314]).

Das Rücktrittsrecht muß innerhalb eines Monats, gerechnet vom Zeitpunkt der Kenntnis des Versicherers von der Verletzung der Anzeigepflicht, erfolgen[315]).

Die praktische Bedeutung des Rücktrittsrechts wird durch die Vorschrift des § 21 VVG. erheblich verringert[316]). Danach entfällt das Rücktrittsrecht in den Fällen, in denen der Versicherer erst nach Eintritt des Versicherungsfalles Kenntnis von der Verletzung erhält — und das sind

---

305) § 812 ff. BGB.; zuzüglich Zinsen seit Empfang, da der Versicherungsnehmer böswillig war (§ 819 BGB.); Bruck, S. 99; Kisch S. 432.

306) Die Behandlung der gezahlten oder fälligen Prämien ist weiter unten gesondert dargestellt.

307) OLG. Hamburg v. 19. 10. 28; HansRGZ. A. 1928 Sp. 727. = Seuffert, Bd. 83 S. 52 Nr. 35.

308) Bruck S. 213.

309) Keup, W. u. R. 1913 S. 38 u. 40; Kisch S. 90; Ritter S. 384; RG. v. 11. 7. 05 Wallmann Bd. 39 S. 2359; RG. v. 16. 1. 06 Wallmann Bd. 40 S. 989 = JW. 1906 S. 145; RG. v. 21. 12. 09 VA. 1910 S. 7 Nr. 494 = JW. 1910 S. 155; KG. v. 12. 7. 10 VA. 1911 S. 10 Nr. 571.

310) Bruck, S. 194.

311) § 16 Abs. 2 Satz 2 VVG.

312) § 18 Abs. 2 VVG.

313) Genaueres über den Empfänger der Erklärung bei Bruck, Komm. S. 92/93.

314) KG. v. 9. 7. 19 VA. 1921 Anhang S. 4 Nr. 1116; Bruck, Komm. S. 93; Werneburg, Annalen, 1916 S. 1. Nicht notwendig ist die Angabe, in welcher Beziehung die Anzeigepflicht verletzt ist. Bruck-Dörstling, S. 136.

315) § 20 Abs. 1 VVG.

316) Das Rücktrittsrecht wird hierdurch „ein Schwert mit stumpfer Klinge" Bruck, S. 198.

gerade die häufigsten Fälle — und die nicht oder nicht richtig angezeigten Umstände keinen Einfluß auf den Eintritt des Versicherungsfalls und den Umfang der Leistungspflicht des Versicherers gehabt haben[317]. Es wird somit ein doppelter Kausalzusammenhang gefordert: der nicht oder falsch angezeigte Umstand muß kausal gewesen sein, sowohl für den Eintritt des Versicherungsfalles als auch den Umfang der Leistungspflicht des Versicherers. Das ist in der Lebensversicherung unmöglich, denn hier steht der Umfang der Leistungspflicht des Versicherers fest, so daß nur ein einfacher Kausalzusammenhang gefordert werden kann[318]. Nicht beachtlich ist somit, ob der nicht oder falsch angezeigte Umstand für den Abschluß oder Inhalt des Vertrages kausal war[319].

Bestehen Zweifel über das Vorliegen des Kausalzusammenhanges, so ist zugunsten des Versicherers zu entscheiden[320]. Ferner hat der Versicherungsnehmer den Beweis für das Fehlen dieses doppelten bzw. einfachen Kausalzusammenhanges zu erbringen[321].

Der Rücktritt ist ausgeschlossen, wenn der Versicherer den nicht angezeigten Umstand oder die Unrichtigkeit der Anzeige kannte[322], wenn der Versicherer auf die Ausübung des Rücktrittsrechtes verzichtet hat[323], wenn bei der Lebensversicherungs eine gewisse[324] Zeit seit Abschluß des Vertrages verstrichen ist und wenn der Versicherungsnehmer nicht schuldhaft gehandelt hat[325].

Die Wirkung des Rücktritts ist Nichtigkeit des Vertrages vom Zeitpunkt des Zugangs der Rücktrittserklärung an und nicht rückwirkend, wie bei der Anfechtung. Die Parteien haben sich jedoch das Empfangene gegenseitig zurückzugewähren[326]. Geldleistungen sind von der Zeit des Empfanges an zu verzinsen[327]. Bei rückkaufsfähigen Lebensversicherungen ist der Rückkaufswert zurückzuvergüten[328].

Dem Hypotheken- und ihm gleichgestellten Gläubiger (§ 106) haftet der Versicherer grundsätzlich noch einen Monat ab Kenntnis des Gläubigers von der Beendigung des Vertrages oder Zugang der Mitteilung des Versicherers über die Beendigung (§ 100 VVG.).

Neben dem Rücktrittsrecht steht dem Versicherer noch ein Recht auf Schadensersatz zu, wenn der Tatbestand der unerlaubten Handlung (§ 823 Abs. 2 u. § 826 BGB.) erfüllt ist[329]. Auf diesem Wege kann der

[317] Anders das vorgesetzliche Recht, das diese Vorschrift nicht kannte. Vgl. Ehrenberg S. 347; ROHG. Bd. 9 S. 284; OAG. Lübeck, Seuffert Bd. 1 S. 227 Nr. 219; RG. v. 14. 1. 10 LZ. 1910 S. 317; RG. v. 22. 11. 12 VA. 1913 S. 105 Nr. 762 = JW. 1913 S. 218.

[318] Bruck, Komm. S. 96; Bruck-Dörstling, S. 138; RG. v. 20. 9. 27 Bd. 118 S. 57 = VA. 1928 S. 242 Nr. 1749 = HansRZ. 1927 S. 819 = JW. 1928 S. 553; (Anmerkung von Ehrenzweig).

[319] Näheres bei Bruck, S. 198 und Bruck, Komm. S. 96 sowie dortige Zitate.

[320] OLG. Kiel v. 24. 6. 15 LZ. 1915 S. 1400; KG. v. 2. 2. 18 VA. 1918 Anhang S. 15 Nr. 1023; RG. v. 22. 10. 18 Annalen 1918 S. 225; OLG. Augsburg v. 14. 2. 1929; JR. 1929 S. 289; Bruck S. 200; Bruck, Komm. S. 97.

[321] KG. v. 27. 2. 1929 VA. 1930 S. 212 Nr. 1980.

[322] §16 Abs. 3 und § 17 Abs. 2 VVG.

[323] Durch Vertrag, vorbehaltlose Annahme der Prämie oder vorbehaltlose Auszahlung von Entschädigungsgeldern. Vgl. Bruck, Komm. S. 87 u. 89, sowie dort angegebene Entscheidungen.

[324] Nach § 163 VVG. 10 Jahre; 3 Jahre nach den Allg. Todesfallversicherungsbedingungen.

[325] § 16 Abs. 3 u. § 17 Abs. 2 VVG.

[326] § 20 Abs. 2 Satz 2 VVG.

[327] § 20 Abs. 2 Satz 2 Halbs. 2 VVG.

[328] § 176 VVG.

[329] RG. Bd. 59 S. 155; KG. v. 29. 10. 09 Praxis Bd. 3 S. 104; Bruck, S. 203; Kisch S. 355; Ritter S. 386; Ehrenberg Z. 1925 S. 374, der dem Versicherer zwar einen Schadensersatz zubilligt, aber auf Grund der Verletzung der Anzeigepflicht als solcher. Dagegen Josef, JR. 1927 S. 254.

Versicherer Ersatz des Schadens erlangen, der nicht durch die Auszahlung von Entschädigungsgeldern entstanden ist, denn diese sind schon gemäß §20 Abs. 2 VVG. zurückzuerstatten. So kann der Versicherer Ersatz der Unkosten verlangen, die ihm der Vertragsabschluß, die Durchführung der Abwendung und Minderung des Schadens, oder die Schadensregulierung entstanden sind[330].

3. Ist die Anzeigepflicht ohne Verschulden verletzt worden oder hat der Versicherungsnehmer einen Umstand mangels Kenntnis nicht angezeigt, so bleibt der Vertrag bestehen.

Die Interessen des Versicherers werden in diesen Fällen auf zwei Arten wahrgenommen:

a) Der Versicherer hat gemäß § 41 Abs. 1 VVG. ein Recht auf Prämienerhöhung, wenn „mit Rücksicht auf die höhere Gefahr eine höhere Prämie angemessen ist". Die Gefahr muß beim formellen Versicherungsbeginn tatsächlich höher gewesen sein als angezeigt und darf sich nicht inzwischen der angezeigten Gefahrslage angepaßt haben, da das Verlangen nach Prämienverbesserung erst vom Beginn der laufenden Versicherungsperiode an Wirkung hat[331].

Ferner muß die Prämienerhöhung selbst bei objektivem Vorliegen einer höheren Gefahr angemessen sein[332]. Ob die Höhe der Prämie gerechtfertigt ist, ist nach dem Geschäftsplan, der von der Aufsichtsbehörde genehmigt ist, zu entscheiden; in Ermangelung eines solchen durch Vergleich mit den verkehrsüblichen Prämiensätzen.

Das Verlangen nach Prämienerhöhung ist eine einseitige empfangsbedürftige Willenserklärung[333]. Sie ist formlos gültig und kann gleichzeitig mit einer Rücktrittserklärung hilfsweise vorgebracht werden für den Fall, daß die Verletzung der Anzeigepflicht unverschuldet war[334].

Die Prämienverbesserung muß innerhalb eines Monats, gerechnet von dem Zeitpunkt, in welchem der Versicherer von der Verletzung der Anzeigepflicht Kenntnis erhalten hat, verlangt werden[335].

Der Versicherungsvertrag selbst bleibt — bis auf die Veränderung des Prämiensatzes — unverändert bestehen. Der Versicherungsnehmer kann sich nicht weigern, die höhere Prämie zu bezahlen mit der Begründung, er hätte den Vertrag zu diesen Bedingungen nie abgeschlossen[336].

Die Beweislast für das Vorliegen der Voraussetzung und die Angemessenheit der Prämie trägt der Versicherer. Der Versicherungsnehmer dagegen hat zu beweisen, daß der Versicherer den nicht angezeigten Umstand gekannt hatte[337].

b) Ist die Anzeigepflicht ohne Verschulden des Versicherungsnehmers verletzt, würde dem Versicherer jedoch mit einer Erhöhung der bisherigen Prämie nicht gedient sein, weil die Übernahme derartig hoher Gefahren gegen seine Geschäftsgrundsätze verstößt, so ist er berechtigt, den Vertrag zu kündigen[338]. Voraussetzung für das Kündigungsrecht ist, daß der Versicherer einen Vertrag dieser Art grundsätzlich nicht abgeschlossen hätte. Nicht ausreichend ist, daß der Versicherer nur gerade diesen bestimmten Vertrag nicht abgeschlossen hätte.

Die Kündigungserklärung ist eine rechtsgestaltende, empfangsbe-

---

330) Bruck, S. 203/204.
331) Bruck, S. 205; Kisch, S. 361. A.A. Ritter, S. 375.
332) Bruck, S. 205 und Anm. 140; Kisch, S. 361.
333) Bruck, S. 205.
334) Bruck, S. 205; Kisch, S. 359, 365.
335) § 41 Abs. 3 Satz 1 VVG.
336) Bruck, S. 206; Hagen S. 421; Kisch S. 369; A.A. Gerhard, S. 186.
337) Bruck, Komm. S. 170.
338) § 41 Abs. 2 VVG.

dürftige, formfreie Willenserklärung[339]), die innerhalb eines Monats ab Kenntnis des Versicherers von der Verletzung der Anzeigepflicht dem Versicherungsnehmer zugegangen sein muß[340]).

Die Wirkungen der Kündigung unterscheiden sich von denen des Rücktritts dadurch, daß der Vertrag erst nach Ablauf eines Monats, gerechnet vom Zeitpunkt des Zugangs der Erklärung, erlischt. Die Parteien können das bisher Geleistete nicht zurückfordern, mit Ausnahme des Rückkaufswertes einer Lebensversicherung mit unbedingter Leistungspflicht[341]). Da der Vertrag erst nach Ablauf eines Monats erlischt, hat der Versicherer bis dahin die volle Gefahr zu tragen und kann sich nicht auf die Verletzung der Anzeigepflicht berufen, um sich von etwaigen Verpflichtungen zu befreien[342]).

Die Beweislast hinsichtlich der Berechtigung zur Kündigung trägt der Versicherer[343]).

Die falsche Altersangabe bei der Lebensversicherung.

Einen besonderen Fall der Verletzung der vorvertraglichen Anzeigepflicht bildet die falsche Altersangabe in der Lebensversicherung. Da die Höhe der zu zahlenden Prämie vorwiegend nach dem Alter berechnet wird, hat die falsche Altersangabe immer zur Folge, daß zu hohe oder zu niedrige Prämien gezahlt werden. Diese Fehler werden durch die Sonderregelung des § 162 VVG. korrigiert, der die Anwendung der allgemeinen Vorschriften über die Anzeigepflichtverletzung grundsätzlich ausschließt[344]).

Ist das Alter zu niedrig angegeben, so wird die Versicherungssumme im Verhältnis der dem wirklichen Alter entsprechenden Prämie zur vereinbarten Prämie herabgesetzt[345]).

Den Fall, daß das Alter zu hoch angegeben ist, hat das Gesetz nicht geregelt. Hier wird jedoch praktisch in der Regel der § 3 Abs. 2 der Allgemeinen Versicherungsbedingungen der Kapitalversicherung auf den Todesfall eingreifen, der bestimmt, daß die Versicherungssumme entsprechend dem Prämienunterschied zu erhöhen ist. Sollten die Bedingungen dem Vertrage nicht zugrunde gelegt worden sein, so kann der Versicherungsnehmer, mangels gesetzlicher Regelung, Herabsetzung der zukünftigen Prämien und Herausgabe des Unterschieds der beiden Deckungskapitalien nach den Grundsätzen der ungerechtfertigten Bereicherung verlangen. (§§ 812 ff. BGB.)[346]). Das Herabsetzungsrecht steht dem Versicherer immer zu. Auch nach Eintritt und nach Regulierung eines Schadensfalles kann der Versicherer zuviel Gezahltes zurückverlangen[347]).

Die zugunsten des Versicherungsnehmers zwingende[348]) Sondervorschrift des § 162 VVG. findet ohne Rücksicht auf Verschulden des Versicherungsnehmers Anwendung und schließt die allgemeinen Vorschriften über die Verletzung der vorvertraglichen Anzeigepflicht (Rücktritt, Prämienerhöhung oder Kündigung) aus, insbesondere kann der

---

339) Bruck S. 207; Kisch S. 373.
340) § 41 Abs. 3 VVG. Vgl. Bruck, S. 207.
341) § 176 Abs. 1, Abs. 3 u. 4 VVG.
342) Bruck, S. 207; Kisch S. 373.
343) Bruck, Komm. S. 171.
344) Bruck, Komm. S.
345) § 162 Satz 1 VVG. § 3 Abs. 2 Allg. Versbed. d. Kapit. Versg. a. Todesf.: Ist das Alter zu niedrig angegeben, „so wird die Versicherungssumme entsprechend dem Prämienunterschied herabgesetzt“.
346) Bruck, Komm. S. 456, 457.
347) Verjährungsfrist 5 Jahre § 12 Abs. 1 VVG. Bruck-Dörstling, 2. Aufl. S. 67.
348) § 172 VVG.

Vertrag nicht wegen Irrtums angefochten werden[349]). Lediglich die Anfechtung wegen arglistiger Täuschung bleibt möglich (§ 22 VVG., § 123 BGB.)[350]).

Eine Ausnahme von diesem Grundsatz gilt für die Fälle, in denen das wirkliche Alter außerhalb der Grenzen liegt, die durch den Geschäftsplan für den Abschluß von Verträgen festgesetzt sind[351]). Der Versicherer hat in diesem Fall neben dem Recht auf Minderung noch das Rücktrittsrecht nach den allgemeinen Vorschriften der §§ 16—21 VVG., in dem jedoch Verschulden des Versicherungsnehmers vorausgesetzt wird[352]). War dagegen das Alter ohne Verschulden falsch angegeben, so steht dem Versicherer das Kündigungsrecht gemäß § 41 Abs. 3 Satz 2 VVG. zu[353]).

Ist der Vertrag unter Zugrundelegung der Allgemeinen Versicherungsbedingungen der Kapitalversicherung auf den Todesfall abgeschlossen worden, so bleibt der Versicherer, wenn das wirkliche Alter außerhalb der Grenzen liegt, die für den Abschluß von Verträgen festgesetzt worden sind, weiter an den Vertrag gebunden[354]). Denn die Bedingungen haben die Rücktrittsbefugnis des § 162 VVG. nicht übernommen.

Die Prämie.

Von dem Grundsatz, daß sich die Parteien das bisher Geleistete bei Auflösung des Vertrages vom Zeitpunkt der Unwirksamkeit des Vertrages an zurückzugewähren haben, gilt eine Ausnahme für die gezahlte oder fällige Prämie der laufenden Versicherungsperiode. Gemäß § 40 Abs. 1 VVG. gebührt dem Versicherer diese Prämie, wenn der Vertrag durch Rücktritt oder Kündigung aufgehoben worden ist. Diese Regelung entspricht durchaus den Grundsätzen der Versicherungstechnik, denn die Leistung des Versicherers besteht in der Gefahrtragung. Die Leistung ist jedoch vom Versicherer erbracht, sodaß er einen Anspruch auf die Gegenleistung, nämlich die Prämienzahlung haben muß. Andernfalls wäre dem Versicherungsnehmer die Gefahrtragung abgenommen worden, ohne daß er eine Gegenleistung erbracht hätte.

Dasselbe hat auch für den Fall der Auflösung des Vertrages wegen Anfechtung gemäß § 22 zu gelten. § 40 Abs. 1 findet zwar keine Anwendung, aber die Interessenlage ist dieselbe. Für die Gefahrtragung macht es keinen Unterschied, ob der Vertrag infolge Rücktritts oder Anfechtung vernichtet worden ist. Andernfalls würde der Versicherungsnehmer besser dastehen, wenn der Versicherer wegen Arglist anficht, als wenn er wegen gewöhnlicher Verletzung der Anzeigepflicht zurücktritt[355]).

Ferner kann der Versicherer aus denselben Gründen die bereits früher gezahlten Prämien zurückhalten oder die ausstehenden Beträge einfordern[356]).

Ist die Prämie nicht in Jahresperioden, sondern durch einmalige Kapitalzahlung entrichtet worden, so kann nur ein Betrag zurück-

---

349) RG. v. 21. 12. 1909 VA. 1910 Anhang S. 7 Nr. 494; Bruck, Komm. S. 457; Bruck-Dörstling, 2. Aufl. S. 68.

350) Bruck, Komm. S. 457; Bruck-Dörstling, 2. Aufl. S. 68.

351) § 162 Satz 2 VVG.

352) Bruck, Komm. S. 457.

353) Vgl. Bruck, Komm. S. 457.

354) Bruck-Dörstling, 2. Aufl. S. 68.

355) Statt Vieler Bruck, Komm. S. 99.

356) Vgl. OLG. Düsseldorf in Mitt. öff. F.V.A. 1913 S. 142; OLG. Marienwerder v. 25. 6. 1912 LZ. 1913 S. 331 Nr. 11.

behalten werden, der der Summe der bei jährlicher Prämienzahlung geleisteten Prämie entspricht[357].

Eine Ausnahme von dem Grundsatz, daß der Versicherer auf die gezahlten und fälligen Prämien einen Anspruch hat, gilt für die Lebensversicherung mit unbedingter Leistungspflicht. Hier hat der Versicherer gemäß § 176 Abs. 1, 3 und 4 VVG. die auf die Versicherung entfallende Prämienreserve zu erstatten.

Besonderheiten in der Seeversicherung.

Zunächst ist hier eine Besonderheit des Seeversicherungsrechts im Hinblick auf die Gefahrerheblichkeit der anzuzeigenden Umstände zu erwähnen. Fragebögen sind in der deutschen Seeversicherungspraxis nicht üblich, denn der Versicherungsnehmer ist hier in der Regel Kaufmann und bedient sich außerdem meist eines Maklers. Gleichwohl wird auch hier näher umschrieben, was als gefahrerheblich zu gelten hat. Umstände, nach denen ausdrücklich gefragt worden ist, gelten wie im Binnenversicherungsrecht im Zweifel als erheblich[358]. Durch die ADS. werden im Wege der Vereinbarung drei Gruppen von Umständen als gefahrerheblich festgesetzt, denen gegenüber der Einwand der objektiven Unerheblichkeit ausgeschlossen ist[359]. Nicht ausgeschlossen ist jedoch der Einwand, daß sich der Versicherer trotzdem auf den Abschluß des Vertrages eingelassen hat.

Gemäß § 21 ADS. sind Umstände als gefahrerheblich anzusehen, wenn der Versicherungsnehmer 1) deren Rchtigkeit ausdrücklich oder stillschweigend zugesichert[360], 2) diese absichtlich unrichtig angezeigt oder sie 3) absichtlich verschwiegen hat.

Hinsichtlich der Folgen der Anzeigepflichtverletzung werden die Nicht- und Falschanzeige verschieden behandelt.

Ist die Nichtanzeige eines gefahrerheblichen Umstandes verschuldet, so ist der Versicherer von seiner Verpflichtung zur Leistung frei[361]. Der Versicherer ist hier nicht nur leistungsfei, wenn der Versicherungsnehmer den nicht angezeigten Umstand gekannt hat[362], sondern auch wenn er den Umstand zwar nicht kannte, diese Unkenntnis jedoch auf grober Fahrlässigkeit beruhte[363]. Die Leistungsfreiheit des Versicherers bedeutet nicht ohne weiteres Aufhebung des Vertrages, sodaß der Versicherungsnehmer weiterhin die Prämien schuldet, insbesondere schon gezahlte Prämien nicht zurückfordern kann[364].

Nicht frei wird der Versicherer, wenn er den anzuzeigenden Umstand kannte[365]. Ferner wenn die Anzeige ohne Verschulden unterblieben ist, dafür hat der Versicher aber ohne weiteres einen Anspruch auf eine entsprechend höhere Prämie[366].

Bei der Falschanzeige eines gefahreerheblichen Umstandes dagegen ist der Versicherer immer von der Leistungspflicht frei, selbst wenn die Falschanzeige unverschuldet war[367]. Die Leistungspflicht bleibt jedoch bei Kenntnis des Versicherers von der Unrichtigkeit der Anzeige bestehen[368].

---

357) Bruck, S. 201; Kisch, S. 329.
358) § 21 ADS. Vgl. § 18 Abs. 1 VVG.
359) Bruck, S. 188; Ritter, S. 387.
360) Ritter, S. 388.
361) § 20 Abs. 1 Satz 1 ADS.
362) § 16 DeutschVVG.
363) § 20 Abs. 1 Satz 2 ADS.
364) Vgl. Bruck, S. 214.
365) § 20 Abs. 2 Satz 1 ADS.
366) § 20 Abs. 2 u. 3 ADS.
367) § 20 Abs. 1 Satz 1 ADS.
368) § 20 Abs. 2 Satz 1 ADS.

Ein Kausalzusammenhang zwischen der Anzeigepflichtverletzung und dem Eintritt des Versicherungsfalls, sowie dem Umfang der Leistungspflicht des Versicherers ist nicht erforderlich[369]).

Eine besondere Anfechtung wegen arglistiger Täuschung erübrigt sich, da der Versicherer ohne weiteres leistungsfrei ist[370]).

Österreich.

In Österreich ist zwischen der arglistigen Täuschung, sowie verschuldeter und unverschuldeter Anzeigepflichtverletzung zu unterscheiden. Die Folgen der arglistigen Täuschung sind im ABGB. geregelt, während die Behandlung der verschuldeten oder unverschuldeten Anzeigepflichtverletzung durch das Versicherungsvertragsgesetz geregelt wird. Eine Anwendung der allgemeinen Irrtumsvorschriften ist daneben nicht zulässig[371]).

1. Für den Fall der arglistigen Täuschung des Versicherers über Gefahrenumstände kommen die §§ 870 ff. ABGB. in Betracht. Der Versicherer muß hiernach von dem Versicherungsnehmer „durch List ..... zu einem Vertrage veranlaßt worden" sein[372]). Der Versicherer, der so zum Abschluß des Vertrages bestimmt wurde, „ist ihn zu halten nicht verbunden". Der Versicherer kann die Wirksamkeit des Vertrages anfechten[373]). Die Anfechtung muß, sofern Gültigkeit des Vertrages nicht außergerichtlich anerkannt ist, gerichtlich geltend gemacht werden, was durch besondere Nichtigkeitsklage, durch Einrede der Ungültigkeit gegen die Leistungsklage des anderen Teils oder durch eine Klage auf Zurückgewährung des bisher Geleisteten und Behauptung der Ungültigkeit des Vertrages bewirkt werden kann[374]). Der Vertrag gilt dann als von Anfang an nichtig. Der Versicherer kann seine Leistung auf Grund der Bestimmungen über Zahlung einer Nichtschuld zurückverlangen[375]). Gemäß § 877 ABGB. hat der Anfechtende alles zurückzuvergüten, „was er aus einem solchen Vertrage zu seinem Vorteile erhalten hat"[376]).

2. Bei verschuldeter Verletzung der Anzeigepflicht hat der Versicherer ein Rücktrittsrecht.

Im Gesetz wird der Fall, daß ein Fragebogen vorgelegt oder sonst in schriftlicher Form bestimmt und unzweideutig gefragt worden ist, an hervorragender Stelle behandelt. Es ist jedoch keineswegs, wie es nach der Fassung des Gesetzes scheinen möchte, so, daß der Anzeigepflichtige je nachdem, ob überhaupt ein Fragebogen vorgelegen hat oder nicht, eine verschiedene Behandlung erfährt. Es ist vielmehr immer zu fragen, ob gerade nach dem bestimmten Umstand, der nicht oder unrichtig angezeigt worden ist, in der oben bezeichneten Weise gefragt worden ist oder nicht; insbesondere wird durch die Stellung von Fragen aus der selbständigen Anzeigepflicht keine unselbständige Antwortpflicht. Der Anzeigepflichtige hat also auch Umstände, nach denen nicht gefragt worden ist, vollständig und richtig anzuzeigen[377]).

Ist ein Umstand nach dem durch eine Fragebogenfrage oder in schriftlicher Form gefragt worden ist „unrichtig oder unvollständig"[378])

---

369) Bruck, S. 214.

370) Bruck, S. 215; Ritter, S. 385.

371) Ehrenzweig, S. 35.

372) § 870 ABGB.

373) Klang's Komm. z. ABGB. § 870 Erl.C.

374) Klang's Komm. z. ABGB. § 871 Erl.B. I 2 d. Exner, Tradition S. 286; Pfersche, S. 138.

375) § 1431 ABGB.

376) Ob die gezahlte oder fällige Prämie zurückzuzahlen ist, wenn der Vertrag wegen arglistiger Täuschung angefochten worden ist, wird nicht gesagt.

377) Ehrenzweig, S. 36; Hupka, S. 46.

378) § 3 Abs. 1 ÖsterrVVG.

angegeben worden, so kann der Versicherer vom Vertrage zurücktreten, wenn der Versicherungsnehmer schuldhaft gehandelt hat[379]).

Beantwortet der Versicherer „die auf einen Gefahrumstand gerichtete Frage der im § 3 Abs. 1 bezeichneten Art überhaupt nicht“, so kann der Versicherer kein Rücktrittsrecht geltend machen[380]), es sei denn, daß nach der Stellung der Frage und ihrem Zusammenhang mit anderen Fragen die Nichtbeantwortung als eine Bejahung oder Verneinung anzusehen ist[381]).

Ist nach dem falsch oder nicht angezeigten Umstand nicht in der bezeichneten Weise gefragt worden, so ist zwischen Nicht- und Falschanzeige zu unterscheiden.

Liegt eine Nichtanzeige vor, so kann der Versicherer nur zurücktreten, wenn der Anzeigepflichtige den Umstand „in der Absicht, Schaden zuzufügen (arglistig), verschwiegen“ hat[382]).

Hat der Anzeigepflichtige dagegen einen Umstand falsch angezeigt, nach dem nicht gefragt worden ist, so tritt die Folge der Anzeigepflichtverletzung schon bei grober Fahrlässigkeit ein[383]).

Keine Folgen der Verletzung treten ein, wenn der verschwiegene, unrichtig oder unvollständig angegebene Gefahrumstand vor Eintritt des Versicherungsfalls weggefallen ist oder weder den Eintritt des Versicherungsfalls noch den Umfang der dem Versicherer obliegenden Leistung beeinflußt hat, es sei denn, daß dem Versicherungsnehmer Arglist zur Last fällt[384]). Ferner, wenn der Versicherer die Verletzung der Anzeigepflicht kannte oder kennen mußte[385]). Das soll aber nur bedeuten, daß der Versicherer einen Umstand kennen mußte, wenn ihm der Anzeigenmangel „geradezu auffallen mußte“. Ihm wird nicht einmal eine besondere Kontrollpflicht gegenüber den Angaben des Versicherungsnehmers auferlegt[386]).

Der Rücktritt ist innerhalb eines Monats, nachdem der Versicherer Kenntnis von der Verletzung der Anzeigepflicht erlangt hat, schriftlich zu erklären. Er bewirkt, daß die Rechtslage dieselbe ist „als ob der Vertrag nicht geschlossen wäre“. Die Parteien haben sich somit das Empfangene zurückzugewähren.

3. Bei der unverschuldeten Verletzung der Anzeigepflicht ist zu unterscheiden, ob der Umstand, der nicht oder falsch angezeigt wurde, Gegenstand einer Frage im Sinne des § 3 Abs. 1 war oder nicht. Liegt eine unverschuldete „mangelhafte“ Anzeige über einen Umstand vor, nach dem gefragt worden ist, so bleibt der Vertrag grundsäßlich bestehen[387]). Der Versicherer kann aber eine, der höheren Gefahr angemessene, höhere Prämie vom Beginn der Versicherungsperiode an fordern[388]). Das Verlangen nach einer höheren Prämie muß schriftlich erfolgen. Gleichzeitig hat der Versicherer darauf hinzuweisen, daß die Nachzahlung innerhalb eines Monats erfolgen müsse und daß der Vertrag bei Nichteinhaltung dieser Zahlungsfrist als gekündigt zu gelten

---

379) § 4 Abs. 3 ÖsterrVVG.

380) § 4 Abs. 2 ÖsterrVVG.

381) Dadurch, daß der Versicherer keinen Anstoß an der Nichtbeantwortung nimmt, wird angenommen, daß er auf die Anzeige verzichtet hat. Ehrenzweig, S. 39.

382) § 3 Abs. 2 ÖsterrVVG.

383) § 3 Abs. 2 ÖsterrVVG.

384) § 4 Abs. 4 ÖsterrVVG.

385) § 4 Abs. 1 ÖsterrVVG.

386) Ehrenzweig, S. 39; Hupka, S. 47.

387) § 30 Abs. 1 ÖsterrVVG.

388) „Falls ihm nach den für seinen Geschäftsbetrieb maßgebenden Grundsätzen wegen der höheren Gefahr eine höhere Prämie gebührt“ § 30 Abs. 1 ÖsterrVVG.

habe[389]). Es liegt somit in der Hand des Versicherungsnehmers, durch einfaches Schweigen den Vertrag zum Ablauf zu bringen[390]). Die Prämiennachzahlung muß innerhalb eines Monats ab Kenntnis des Versicherers von der Verletzung der Anzeigepflicht verlangt werden.

Ist die tatsächliche Gefahrslage so gestaltet, daß der Versicherer derartige Verträge nach den für seinen Geschäftsbetrieb maßgebenden Grundsätzen auch gegen eine höhere Prämie nicht abgeschlossen hätte, so kann der Versicherer den Vertrag innerhalb eines Monats ab Kenntnis kündigen[391]). Die Kündigungserklärung hat schriftlich zu erfolgen und muß eine Frist von mindestens einem Monat enthalten[392]).

Hat der Versicherungsnehmer zwar die Anzeigepflicht verletzt, jedoch ohne zur Angabe dieser Umstände durch Fragen aufgefordert zu sein, so ist der Versicherer, falls er nicht nach § 3 Abs. 2 zurücktreten kann, an den Vertrag gebunden. Mithin immer bei unverschuldeter und leicht fahrlässiger Falschanzeige, sowie bei der Nichtanzeige, wenn diese unverschuldet, leicht oder grobfahrlässig und selbst wenn sie vorsätzlich unterblieben war, vorausgesetzt, daß der Anzeigepflichtige keine Schädigungsabsicht hatte. Der Versicherer hat kein Recht auf Prämienverbesserung oder Kündigung, denn der § 30 bezieht sich nur auf den Fall der unverschuldeten Anzeigepflicht auf Grund eines gefragten Umstandes. Diese Regelung stellt eine starke Gefährdung der Gefahrengemeinschaft dar.

Die Prämie.

Im Falle der Auflösung des Vertrages durch Rücktritt gilt von der allgemeinen Verpflichtung, alles Empfangene zurückzuerstatten, eine Ausnahme für die Prämie. Diese gebührt dem Versicherer bis zum Ende der Versicherungsperiode, in der der Versicherer von der Verletzung der Anzeigepflicht Kenntnis erhalten hat[393]). Ebenso im Falle der Kündigung des Vertrages[394]) bei unverschuldeter Anzeigepflichtverletzung nach § 30 Abs. 1 und 2.

Lediglich in der Lebensversicherung mit unbedingter Leistungspflicht hat der Versicherer die Prämienreserve herauszugeben, vorausgesetzt, daß die Prämie schon mehr als drei Jahre lang gezahlt worden ist[395]).

b) Länder, in denen bei unrichtiger oder fehlender Anzeige die Prämie oder die Verbindlichkeiten des Versicherers der wirklichen Gefahrslage angepaßt werden.

Frankreich.

In Frankreich werden zwei Arten der Anzeigepflichtverletzung unterschieden.

Die sogenannte „Réticence et fausse déclaration intentionelle“[396]) und „La simple omission ou simple inexactitude dans les déclarations“[397]).

Die réticence et fausse déclaration intentionelle: Hat der Versicherungsnehmer arglistig einen gefahrerheblichen Umstand verschwiegen oder falsch angegeben, so ist der Vertrag gemäß Artikel 21

[389]) § 30 Abs. 1 ÖsterrVVG.
[390]) Vgl. Ehrenzweig, S. 109; Hupka, S. 50.
[391]) § 30 Abs. 1 ÖsterrVVG.
[392]) § 30 Abs. 1 ÖsterrVVG.
[393]) § 6 Abs. 2 ÖsterrVVG.
[394]) § 30 Abs. 4 ÖsterrVVG.
[395]) § 146 Abs. 1 Satz 1 ÖsterrVVG.
[396]) Art. 21 FrankreichVVG.
[397]) Art. 22 FrankreichVVG.

FrankVVG. nichtig[398]). Hierbei genügt nicht, daß der Versicherungsnehmer vorsätzlich gehandelt hat. Er muß vielmehr in bösem Glauben einen gefahrerheblichen Umstand verschwiegen haben[399]). Die falsche Erklärung muß in der Absicht abgegeben worden sein, den Versicherer zu täuschen. Der Artikel 21 ist ein Anwendung des Artikels 1109 des Code Civil[400]), der sich über die Täuschung und den Irrtum verhält[401]).

Liegt der Fall des § 21 nicht vor, so wird die Leistungspflicht des Versicherers nicht davon abhängig gemacht, ob der Versicherer schlechthin schuldhaft gehandelt hat oder nicht, sodaß ihm im Falle des Verschuldens jeglicher Anspruch versagt wird. Es wird vielmehr der auf unrichtiger Grundlage geschlossene Vertrag unter veränderten Bedingungen der wirklichen Sachlage angepaßt[402]).

Diese Anpassung ist im Art. 22 geregelt. Voraussetzung für die Anwendbarkeit dieser Vorschrift ist, daß Bösgläubigkeit nicht erwiesen ist[403]). Es wird somit nicht einmal positiv guter Glaube gefordert.

Bei einer derartigen Verletzung der Anzeigepflicht hat der Versicherer, solange ein Versicherungsfall noch nicht eingetreten ist, die Wahl zwischen der Kündigung des Vertrages und Aufrechterhaltung des Vertrages mit erhöhter Prämie. (Art. 22 Abs. 2.) Die Aufrechterhaltung des Vertrages ist jedoch nur möglich, wenn der Versicherungsnehmer in die Prämienerhöhung einwilligt. Die Kündigung muß durch eingeschriebenen Brief erfolgen und ist 10 Tage nach Absendung wirksam.

Erhält der Verficherer erst nach Eintritt des Versicherungsfalls Kenntnis von der Verletzung der Anzeigepflicht, so wird die Entschädigungflsumme im Verhältnis der gezahlten Prämie zu der Prämie, die eigentlich hätte bezahlt werden müssen, herabgesetzt. (Art. 22 Abs. 3 Frankreich VVG.). Das Gesetz besagt für diesen Fall nichts darüber, ob der Versicherer zu kündigen berechtigt ist oder nicht. Dem Versicherer ist jedoch durch entsprechende Anwendung des Art. 22 Abs. ein Kündigungsrecht zuzubilligen, denn ihm kann nicht zugemutet werden, an einen Vertrag gebunden zu bleiben, nur weil er von der Verletzung der Anzeigepflicht erst nach Eintritt des Versicherungsfalls Kenntnis erhalten hat, während er sonst den Vertrag gekündigt hätte[404]).

Eine Ausnahme von der Vorschrift des Art. 21 wird bei der falschen Altersangabe in der Lebensversicherung gemacht. Hier ist der Vertrag nur dann nichtig, wenn das wirkliche Alter außerhalb der Grenzen steht, die sich der Versicherer durch seine Tarife gesetzt hat[405]). Ist die Prämie, die bisher gezahlt worden ist, zu niedrig gewesen, so wird die Versicherungssumme (capital ou rente) im Verhältnis der er-

---

[398]) Der Vertrag wird angesehen, als ob er nie bestanden hätte. Godart et Perraud-Charmantier, S. 126.

[399]) Godart et Perraud-Charmantier, S. 126.

[400]) „Il n'y a point de consentement vâlable, si le consentement n'a été donné que par erreur, ou s'il a été extorqué par violence ou surpris par dol".

[401]) Ancey et Sicot, S. 80, Godart et Perraud-Charmantier, S. 126. A.A.Ripert, S. 388.

[402]) Vgl. Hagen in Z. 1931, S. 175.

[403]) L'omission ou la déclaration inexacte de la part de l'assuré dont la mauvaise foi n'est pas établie, n'entraîne pas la nullité de l'assurance. (Art. 22 Abs. 1 FrankreichVVG.).

[404]) Ancey et Sicot, S. 82: „Mais l'esprit du législateur n'est pas douteux: l'assureur doit avoir une connaissance exacte des risques qu'il garantit; le fait qu'un sinistre est survenu, lui révélant l'ommission ou l'inexactitude, ne peut pas avoir pour lui cette conséquence de l'obliger à maintenir sa garantie . . . il pourra résilier la police".

[405]) Das gilt auch für den Fall der absichtlichen falschen Altersangabe. Godart et Perraud-Charmantier, S. 258.

haltenen Prämie zu der Prämie, die hätte bezahlt werden müssen, herabgesetzt. Ist zu viel Prämie gezahlt worden, so hat der Versicherer das zuviel Gezahlte ohne Zinsen wieder herauszugeben[406].

Die Behandlung der Prämienfrage ist je nachdem, ob der Tatbestand des Art. 21 oder 22 erfüllt ist, verschieden.

Ist der Vertrag gemäß Art. 21 nichtig, so wird er so angesehen, als ob er nie bestanden hätte[407]. Der Versicherer hätte somit nach französischer Auffassung die gesamten Prämien zurückzuvergüten[408], wenn ihm nicht der Art. 21 Abs. 2 die Prämie in Form eines Schadensersatzanspruches (à titre de dommages et entérêts) zuspräche.

Wird der Vertrag gemäß Art. 22 gekündigt, so hat der Versicherer den Teil der Prämie zurückzuzahlen, die für die Zeit gezahlt ist, in der die Versicherung nicht mehr in Kraft ist[409].

Schweden, Norwegen und Dänemark.

Die schwedischen, norwegischen und dänischen Versicherungsvertragsgesetze unterscheiden zwischen arglistiger Täuschung, verschuldeter und unverschuldeter Verletzung der vorvertraglichen Anzeigepflicht.

1. Im Falle der arglistigen Täuschung und des Betruges und wenn die Berufung auf den Vertrag wider Treu und Glauben verstoßen würde, ist der Vertrag nichtig[410], wobei auf die allgemeinen Vorschriften über die arglistige Täuschung des „Vertragsgesetzes"[411] verwiesen wird. Dieser Bestimmung wird in Schweden und Dänemark jedoch die Schlagkraft durch den § 23 Abs. 1 genommen, der bestimmt, daß dem Versicherungsnehmer selbst bei Verletzung der vorvertraglichen Anzeigepflicht in betrügerischer Absicht die Versicherungssumme doch ganz oder zum Teil auszuzahlen sei, wenn dies bei Berücksichtigung aller Umstände als billig erschiene.

2. Hat der Versicherungsnehmer vorsätzlich oder fahrlässig eine falsche Anzeige über einen gefahrerheblichen Umstand[412] gemacht oder die Anzeige unterlassen, so wird unterschieden, ob anzunehmen ist, daß der Versicherer bei Kenntnis des wahren Sachverhalts den Vertrag abgeschlossen hätte oder nicht.

Hätte der Versicherer den Vertrag nicht abgeschlossen, so ist der Versicherer „von der Haftung" frei[413].

Ist dagegen anzunehmen, daß der Versicherer den Vertrag abgeschlossen hätte, wenn auch zu anderen Bedingungen, so wird die Versicherungssumme herabgesetzt, so daß sie der tatsächlich gezahlten Prämie entspricht[414]. Bei der Herabsetzung der Versicherungssumme ist

---

[406] Art. 81 Abs. 2 S. 1 u. 2 FrankreichVVG.

[407] Godart et Perraud-Charmantier, S. 126.

[408] Ancey-Sicot, S. 81, so das vorgesetzliche Recht.

[409] Art. 22 Abs. 2 FrankreichVVG.

[410] § 4 SchwedenVVG., § 5 NorwegenVVG., § 8 Allgemeine Norw. Seeversicherungs-Bedingungen (ANSB.), § 4 DänemarkVVG.

[411] In Schweden: „Gesetz über Verträge und andere Rechtsgeschäfte auf dem Gebiete des Vermögensrechts" vom 11. Juni 1915. In Norwegen das fast gleichlautende „Gesetz über den Abschluß von Verträgen vom 31. 5. 1918" und in Dänemark vom Mai 1917.

[412] § 9 Satz 2 SchwedenVVG. und § 9 DänemarkVVG. besagen ausdrücklich, daß keine Rechtsfolgen eintreten, wenn der Umstand unerheblich wird.

[413] § 6 Abs. 1 SchwedenVVG. § 7 Abs. 1 NorwegenVVG. § 6 Abs. 1 DänemarkVVG.

[414] § 6 Abs. 2 SchwedenVVG.: „Haftung auf das beschränkt, was mit Rücksicht hierauf der vereinbarten Prämie entspricht". Ähnlich § 7 Abs. 2 NorwegenVVG.; § 6 Abs. 2 DänemarkVVG. Falsch- und Nichtanzeige werden gleich behandelt.

zu berücksichtigen, ob der Versicherer bei Kenntnis des wahren Sachverhalts Rückversicherung genommen hätte[415]. Es muß somit untersucht werden, ob der Versicherer nach den für seinen Betrieb aufgestellten „Maximierungsregeln" den gleichen Betrag für eigene Rechnung übernommen, oder den Anteil der Rückversicherer erhöht hätte. Der Betrag, den der Versicherer für eigene Rechnung übernommen hätte, gilt als Versicherungssumme, die nunmehr entsprechend der zu wenig gezahlten Prämie herabgesetzt wird[416]. Dadurch wir verhindert, daß der Versicherer trotz Herabsetzung der Versicherungssumme einen höheren Betrag aus eigenen Mitteln zu zahlen hat, als wenn richtig angezeigt worden wäre und der Versicherer nur einen ganz geringen Teil der Gefahr selbst getragen hätte[417].

Da eine von Willkür freie Anwendung der pro rata Regel nur möglich ist, wenn die Prämiensätze und Maximierungsregeln feststehen, hat das Gesetz für die Transport- und Seeversicherung, in der die Prämien oft von Fall zu Fall ausgehandelt werden, eine Ausnahme gemacht. Statt der pro rata Regel findet hier die sogenannte Kausalitätsregel[418] Anwendung. Der Versicherer haftet hier für einen eingetretenen Versicherungsfall „nur insoweit, als der unrichtig angezeigte Umstand auf den Eintritt des Versicherungsfalls oder den Umfang des Schadens nachweislich ohne Einfluß gewesen ist"[419]. Diese gesetzliche Regelung ist jedoch nicht zwingend, kann somit abgedungen werden, insbesondere kann die pro rata und die Kausalitätsregel kombiniert werden[420].

3. Hat der Versicherungsnehmer die Anzeigepflicht verletzt, ohne daß ihm ein Verschulden zur Last fällt, so bleibt der Versicherer grundsätzlich an den Vertrag gebunden[421].

Eine besondere Regelung gilt für die Schadensversicherung, wobei Schweden und Dänemark einerseits und Norwegen andererseits voneinander abweichen.

Nach norwegischem Recht hat der Versicherer bei schuldloser Verletzung der Anzeigepflicht das Recht, den Vertrag mit einer Frist von 14 Tagen zu kündigen[422], und zwar sowohl bei der Nicht- als auch bei der Falschanzeige[423].

In Schweden und Dänemark dagegen kann der Versicherer bei verschuldeter Nichtanzeige auch in der Schadensversicherung den Vertrag nicht kündigen[424]. Dagegen hat der Versicherer bei unverschul-

---

[415]) § 6 Abs. 2 Satz 2 SchwedenVVG., § 7 Abs. 2 Satz 1 NorwegenVVG., § 6 Abs. 2 Satz 2 DänemarkVVG.

[416]) Vgl. Begründungen zum SchwedenVVG. Anm. zu § 6 in Heft 46 der Veröffentlichungen des Deutschen Vereins für Versicherungswissenschaft S. 46.

[417]) Die Stellung des Versicherungsnehmers wird hierdurch von den internen, verwaltungstechnischen Maßnahmen der Versicherungsgesellschaft stark beeinflußt.

[418]) § 6 Abs. 3 SchwedenVVG., § 7 Abs. 2 Satz 2 NorwegenVVG., § 6 Abs. 3 DänemarkVVG.

[419]) § 6 Abs. 3 SchwedenVVG. So auch § 7 Abs. 2 Satz 2 NorwegenVVG. und § 6 Abs. 3 DänemarkVVG.

[420]) In den §§ 10 Abs. 1 der skandinavischen Versicherungsvertragsgesetze, die eine Aufzählung der zwingenden Vorschriften enthalten, ist die betr. Gesetzesstelle nicht aufgeführt. Vgl. aber ANSB. § 9.

[421]) §§ 5 Abs. 1 und § 7 Abs. 2 Schweden- und DänemarkVVG., § 6 Abs. 1 NorwegenVVG.

[422]) § 6 Abs. 2 NorwegenVVG.

[423]) Abs. 2 des § 6 bezieht sich auf den ganzen § 6, der in Abs. 1 Satz 1 die Falsch- und in Satz 2 die Nichtanzeige regelt.

[424]) Das ergibt sich aus der Stellung im Gesetz: Die für die Schadensversicherung eingeräumte Ausnahmevorschrift ist im § 5 Abs. 2 Schweden- und DänemarkVVG. enthalten, der im Abs. 1 lediglich die Falschanzeige behandelt, während die Nichtanzeige in dem darauffolgenden § 7 Schweden- und DänemarkVVG geregelt ist.

deter Falschanzeige das Recht, den Vertrag unter Einhaltung einer bestimmten Frist zu kündigen[425]).

Diese unterschiedliche Behandlung der Nicht- und Falschanzeige hat historische Gründe. Nach § 241 und 242 des Seegesetzes[426]) ist die Nichtanzeige eines dem Versicherungsnehmer unbekannten Umstandes ohne Einfluß auf den Bestand des Vertrages. Dagegen hat die Unrichtigkeit von positiven Angaben immer die Nichtigkeit des Vertrages zur Folge, selbst wenn der Versicherungsnehmer in gutem Glauben handelte[427]). Diese Regelung wurde allgemein für zu streng gehalten und in der Praxis durch die Bedingungen gemildert[428]). Das neue Versicherungsvertragsgesetz von Schweden wollte dem allgemeinen Bedürfnis nachkommen und den Vertrag immer für bindend erklären, stieß dabei aber auf den Widerstand der Schadensversicherer und gab ihnen ein Kündigungsrecht zum Ausgleich. Die Regelung der Nichtanzeige dagegen wurde im Wesentlichen kaum verändert.

Die Prämie.

Hat der Versicherer das ihm zustehende Kündigungsrecht ausgeübt, so ist er so zu stellen, als ob er den Vertrag für die Zeit abgeschlossen hätte, in der er die Gefahr getragen hat[429]). Er kann sich somit die für die kurze Zeit verhältnismäßig höhere Prämie berechnen (short period rates), der Versicherungsnehmer geht somit auch etwaiger Prämienrabatte für langlaufende Verträge verlustig.

Dasselbe gilt auch für den Fall, in dem der Versicherer leistungsfrei wird, weil die vorvertragliche Anzeigepflicht verschuldetermaßen verletzt worden ist und anzunehmen ist, daß er den Vertrag bei Kenntnis des wahren Sachverhalts nicht abgeschlossen hätte[430]).

Die allgemeinen norwegischen Seeversicherungsbedingungen[431]) machen von der ihr nach dem Gesetz gegebenen Vertragsfreiheit ausgiebigen Gebrauch.

1. Die Folgen arglistiger Täuschung sind in Gesetz und den Bedingungen dieselben: Nichtigkeit des Vertrages[432]). Die Bestimmungen des § 8 Abs. 1 ANSB. schließen neben der Arglist und dem Verstoß gegen die guten Sitten auch die Grenzfälle ein, die als unehrenhaftes Geschäftsgebahren bezeichnet werden können[433]).

2. Bei nicht arglistiger aber verschuldeter Verletzung der Anzeigepflicht gleichen die Bedingungen im Wesentlichen der gesetzlichen Regelung unter Anwendung der Kausalitätsregel. Ein Unterschied besteht darin, daß der Versicherer außer den im Gesetz aufgezählten Rechten noch ein Kündigungsrecht mit einer Frist von 7 Tagen hat[434]).

3. Bei unverschuldeter Falsch- oder Nichtanzeige bleibt der Vertrag grundsätzlich bestehen[435]). Der Versicherer hat jedoch die Wahl

---

[425]) In Schweden 14 Tage, § 5 Abs. 2, in Dänemark Frist eine Woche, § 5 Abs. 2.

[426]) Seegesetz vom 12. Juni 1891.

[427]) Art. 243, Seegesetz.

[428]) Begründung zum SchwedenVVG. in Heft 46 der Veröffentlichungen S. 42.

[429]) § 16 Abs. 1 der Skandinavischen Versicherungsvertragsgesetze.

[430]) § 6 Abs. 1 Schweden- u. DänemarkVVG. § 7 Abs. 1 Norwegen.

[431]) „General Statutes of Norwegian Marine Insurance of 1930".

[432]) § 8 Abs. 1 ANSB. „contract is not binding".

[433]) „has acted fraudulently or in a manner contrary to good faith" § 8 Abs. 1 S. 1. „manner contrary to honesty" § 8 Abs. 1 Satz 1. „if he has disregarded what is considered good business procedure". § 8 Abs. 1 Satz 2 ANSB.

[434]) § 9 Ziff. 1 ANSB.

[435]) „without any blame attaching to him" (Versicherungsnehmer) § 9 Ziff. 2, dessen Überschrift „good faith" ist.

zwischen der Kündigung des Vertrages mit einer Frist von 14 Tagen und einer Erhöhung der Prämie bis zur Höhe des Betrages, den der Versicherer gefordert hätte, wenn ihm bei Abschluß des Vertrages richtige oder vollständige Angaben gemacht worden wären[436].

Macht der Versicherer von seinem Kündigungsrecht keinen Gebrauch (verlangt er also eine höhere Prämie), so kann der Versicherungsnehmer eine Änderung des Vertrages dahingehend verlangen, daß statt der Erhöhung der Prämie die Versicherungssumme entsprechend dem Verhältnis der erhöhten Prämie zur alten Prämie herabgesetzt wird[437]. Diese Abänderung des Vertrages muß vom Versicherungsnehmer innerhalb dreier Tage, nachdem der Versicherer die Prämienerhöhung gefordert hat, geltend gemacht werden[438]. Der Vertrag gilt dann mit dem Zeipunkt des Zugangs des Herabsetzungsverlangens als abgeändert[439].

Die Behandlung der Prämie ist im Wesentlichen dieselbe wie im Gesetz vorgeschrieben. Unterschiede bestehen nur darin, daß der Versicherer im Falle der Kündigung außer der Prämie für kurze Fristen noch die bisher zu wenig gezahlte Prämie zurückhalten kann[440] und von der Rückprämie eine 10%ige Kündigungsgebühr abziehen darf[441]. Wird der Vertrag auf Verlangen des Versicherungsnehmers abgeändert (die Versicherungssumme herabgesetzt), so kann der Versicherer für die Zeit, in der er die Gefahr in voller Höhe getragen hat, eine Nachschußprämie verlangen[442].

436) § 9 Ziff. 2 Satz 1 und 2 ANSB.
437) § 9 Ziff. 2 Abs. 2 Satz 1 ANSB.
438) § 9 Ziff. 2 Abs. 2 Satz 2 ANSB.
439) § 9 Ziff. 2 Abs. 2 Satz 3 ANSB.
440) § 9 Ziff. 2 Abs. 1 Satz 3 und § 15 Abs. 1 ANSB.
441) § 15 Abs. 3 ANSB.
442) § 9 Ziff. 2 Abs. 2 Satz 4 ANSB.

FSC
www.fsc.org
MIX
Papier | Fördert gute Waldnutzung
FSC® C083411

Kolibri 360 GmbH
Ferdinand-Jühlke-Straße 7
99095 Erfurt, Deutschland
produktsicherheit@kolibri360.de